DUMONT
DIREKT

Brüssel

Reinhard Tiburzy

Inhalt

Das Beste zu Beginn

Sightseeing mal anders – mit Tram 94
Die Tour beginnt an der Station Botanique (Richtung Herrmann-Debroux), führt am Parc de Bruxelles vorbei, über die Place Royale, dann am Sablon und am Palais de Justice vorbei. Am Ende bietet sich ein Spaziergang im Bois de la Cambre an.

Freude und Trauer
Auf der großen Freitreppe der Bourse und dem Platz davor ist immer was los. Sie sind eine Stätte der Freude, aber auch der Trauer. Hier steigt die Party, wenn es im Königreich etwas zu feiern gibt, hier kommt man bei Anlässen wie den Terroranschlägen in Paris und Brüssel in stillem Gedenken an die Opfer zusammen.

Der Brexit erwischt vielleicht auch die Kleinen
Big Ben, die Houses of Parliament, das Geburtshaus Shakespeares – kann gut sein, dass all die faszinierenden Miniaturen von berühmten Bauten in Großbritannien im Brüsseler Themenpark Mini-Europe am Fuße des Atomiums mit dem Vollzug des Brexits der Abrissbirne zum Opfer fallen. Besser schnell noch mal besichtigen!

Laufend mehr und weniger Kalorien
»Brüssel ist ganz petit. Sie können überall mit dem Fuß hingehen«, erklärte die Dame an der Hotelrezeption einem Gast in charmantem Deutsch. Das stimmt, die Stadt ist gut zu erlaufen. Abends zeigt dann der Smartphone-Schrittzähler vielleicht um die 14 000 Schritte an. Erfreulich – dann sind etliche Kalorien der unterwegs verzehrten leckeren belgischen Pralinen abgebaut.

Einfach mal laut sein
... können Sie mit dem Megaphon von Emilio Lopez-Menchero. Steigen Sie die Stufen zur Edelstahl-Flüstertüte hinauf und sprechen oder singen Sie nach Herzenslust in das Mundstück. Die den marokkanischen Migranten gewidmete Skulptur steht an der Kreuzung Avenue de Stalingrad/Avenue de Midi, nicht weit vom Bahnhof Brüssel Midi.

Leider Langfinger
In Brüssel beklaut werden? Das geht mitunter ganz schnell. Ein Anrempler, ein geschicktes Ablenkungsmanöver, und schon ist es passiert. Neuralgische Punkte sind besonders die Bahnhöfe, wo höchst professionell vorgehende Diebesbanden ihr Unwesen treiben. Aber auch in Zügen und der Metro wird Unachtsamkeit rigoros abgestraft.

Seien Sie ruhig ein bisschen von oben herab
Wer hoch hinaus will, der ist hier richtig: Im MIM-Café, auf dem Dach des Musikinstrumenten-Museums. Um dorthin zu gelangen, müssen Sie das Museum nicht unbedingt besichtigen. Die Cafeteria der Königlichen Bibliothek, die oberste Kugel des Atomiums, die Arcades du Cinquantenaire (erreichbar durch das Militärmuseum), die Kuppel der Basilique Nationale du Sacré Cœur – von diesen Orten aus genießen Sie eine schöne Aussicht über Brüssel, sieht man von den ewig in den Himmel ragenden Baukränen einmal ab.

Essen auf Rädern
Unternehmen Sie eine einzigartige Reise in die Welt der Haute Cuisine. An Bord einer fahrenden Tram wird ein Drei-Gänge-Menü serviert, zubereitet von Spitzenköchen (https://visit.brussels).

Selber Schokolade fabrizieren
Bei Planète Chocolat werden Sie proper eingekleidet, dann geht es los. Es wird gerührt, erhitzt und geformt, bis das Produkt, Ihre eigene belgische Schokolade, fertig ist (www.planetechocolat.com).

Ich lebe in Belgien, gerade mal 140 km von Brüssel entfernt. Mit der Bahn bin ich ruckzuck dort – wenn nicht gerade mal wieder gestreikt wird. Die Stadt erweckt Lust, sie zu entdecken. Je öfter ich hinfahre, desto neugieriger macht sie mich.

Fragen? Erfahrungen? Ideen?

Ich freue mich auf Post.

@ *Mein Postfach bei DuMont:*
tiburzy@dumontreise.de

Das ist Brüssel

Brüssel? – Klar, Brüssel kennt man aus den Medien. Für viele ist die Stadt ein Synonym für Bürokratismus und Eurokratie. Wer Brüssel sagt, meint häufig ›die in Brüssel‹, meint die EU. In der Tat, die Hauptstadt Belgiens ist das Hauptverwaltungszentrum der Europäischen Union. Doch die Metropole mit ihren 1,2 Millionen Einwohnern – ein Zehntel der Bevölkerung Belgiens – ist mehr.

Die unbekannte Metropole

Der Name der Stadt sagt den meisten etwas, die Metropole selbst ist vielen jedoch weitgehend unbekannt. Selbst jene, die von Zeit zu Zeit zu Sitzungen hierher kommen, kennen außer ihrem Tagungsort in einem der anonymen Hochhäuser oft kaum mehr als die berühmte Grand-Place und das Manneken Pis – schon das Atomium, das Wahrzeichen von Brüssel, wenn nicht von ganz Belgien, haben viele nur im Vorbeifahren gesehen. Die Hauptstadt Belgiens und Europas hat nicht die Aura von Paris, London oder Rom beispielsweise, ihr geht – jenseits des Themas EU – kein ›Ruf‹ voraus. Rühmen Bewohner anderer europäischer Metropolen ihre Stadt als »die schönste der Welt«, stehen die Brüsseler beschämt daneben und denken daran, dass sie nur so hässliche Worte wie ›Brüsselisierung‹ und ›Fassadismus‹ zum Wortschatz von Architekten und Städteplanern beigetragen haben.

Blick in den Rückspiegel

Dabei hat die Stadt doch eine große und glanzvolle Vergangenheit, die durchaus ihre Spuren hinterlassen hat. Die Grand-Place, der Grand Sablon, die herrliche gotische Kathedrale künden von der Zeit, als Brüssel nicht nur die Residenzstadt des Herzogtums Brabant war, sondern auch eine Weltstadt des Handels, in der Waren aus Ost und West umgeschlagen wurden. Herzöge, Grafen und Statthalter hielten hier prächtig Hof und machten Brüssel zu einer Hauptstadt der Luxusgüter-Produktion. Die kunstvollen und kostspieligen Wandteppiche aus den hiesigen Manufakturen hängen noch heute in den Schlössern Europas, und die zarten Brüsseler Spitzen sind in aller Welt ein Begriff. Zudem ist Brüssel auch eine Metropole des Jugendstils und eine Musikstadt von Rang, die hervorragende Musiker wie den Chansonier Jacques Brel und den Jazzmusiker Toots Thielemans hervorgebracht hat.

Metamorphose

Mit König Leopold II. begann sie, mit dem Einzug der EU setzte sie sich fort – die Metamorphose der Stadt. Der König der Belgier ließ in der zweiten Hälfte des 19. Jh. breite Boulevards, große Plätze, Parks und monumentale Gebäude wie den Triumphbogen und den Justizpalast errichten. Ein bisschen Paris, ein bisschen Berlin sollte her, also etwas mehr Grandeur. Wo Neues wächst, muss Altes weichen. Und so fielen ganze Straßenzüge mit schöner Belle-Époque-Architektur und Teile gewachsener Stadtvier-

Allzumenschliches und Allzutierisches hat seinen Platz im Brüsseler Stadtbild: Zinneke Pis, der Straßenköter, tut es seit 1998 seinem berühmten Vorbild gleich.

tel wie der Marollen der Bauwut zum Opfer. Dort, wo einst die äußere Stadtmauer um das Stadtzentrum lag, verläuft jetzt der für seine ewigen Verkehrstaus berüchtigte innere Straßenring, wegen seiner fünfeckigen Form auch Pentagon genannt. Die Metamorphose schritt mit der Entscheidung voran, Brüssel zur Hauptstadt Europas zu machen. Doch wohin mit den EU-Bauten? Geeigneten Platz sah man im Leopold-Quartier, wo sich sodann die gefräßige Verwandlungsmaschinerie in den 1960-/1970er-Jahren ganze Häuserblöcke mit historischer Bausubstanz einverleibte, darunter viele einzigartige, im belgischen Jugendstil errichtete Bürgerhäuser. An ihrer Stelle haben sich öde Verwaltungsbauten und Bürotürme der supranationalen Behörden breitgemacht.

Und dennoch ...

Herz und Seele der Stadt haben sich trotz ständiger Veränderungen irgendwie erhalten, sind vielleicht sogar dadurch gestärkt worden. Überall stößt man auf Inseln, auf denen etwas vom Charme der Stadt bewahrt ist. Altes und Neues liegen hier oft dicht beieinander. Die Grand-Place ist ein Schmuckstück, eingerahmt von barocken und gotischen Bauwerken, in den Straßen drumherum stehen schlichte und noble Wohnhäuser neben gesichtslosen Businessbauten. Vereinzelte Jugendstilhäuser mit filigranen Elementen glitzern hier und dort im Stadtbild wie Teilchen von Goldstaub. Man findet extravagante Grandhotels genauso wie coole Designhotels. Neben luxuriösen Shoppinggalerien existieren bunte Märkte, neben Gourmettempeln behaupten sich Frittenbuden, urige Kneipen und schlichte Tavernen. Auf Brüssel trifft alles zu: Es ist hektisch und gelassen, spießig und überdreht, schmuddelig und clean, lebensfroh und schwermütig. Nur eines ist es nicht – langweilig.

Brüssel in Zahlen

2

-sprachig sind die Straßenschilder in Brüssel, in Cottbus und Helsinki ebenso.

19

Gemeinden hat Brüssel, Berlin besteht aus 12 Bezirken.

25

Michelin-Sterne-Restaurants gibt es in Brüssel – 20 mit 1 und 5 mit 2 Sternen. Paris: 87 mit 1, 15 mit 2 und 10 mit 3 Sternen.

35

m tief ist das Becken im Indoor-Tauchzentrum Nemo 33, nur eins in Italien ist tiefer.

102

m Höhe misst das Atomium, das 165-milliardenfach vergrößerte Abbild eines Eisenkristalls.

104

Sprachen werden in Brüssel gesprochen (New York: ca. 800).

150

m misst das höchste Haus in Brüssel (Tour du Midi), 828 m das höchste der Welt (Burj Khalifa in Dubai).

5400

Diplomaten arbeiten in Brüssel, mehr als irgendwo sonst auf der Welt.

1000

Kostüme hat Manneken Pis – mindestens – und damit sicher mehr als die meisten Menschen.

20 000

Lobbyisten versuchen sich bei der EU – ziemlich erfolgreich.

2004

Biersorten hielt das Café Délirium 2004 bereit – Guinness-Weltrekord (2013 waren es sogar 3162!).

161

km² Fläche hat Brüssel, Berlin ist fünfeinhalbmal so groß.

Was ist wo?

Brüssel ist keine homogene Stadt, die belgische Metropole setzt sich aus charakteristischen Stadtteilen zusammen, den Quartiers, mit jeweils eigenem Charme und individuellem Gesicht. Ein Blick auf die Karte zeigt, dass die meisten für einen Besuch interessanten Brüsseler Quartiers innerhalb des Pentagone liegen.

Pentagone – Vijfhoek – Fünfeck

Der **Pentagone** ist von den mehrspurigen Boulevards, die den Autoverkehr rund um den Stadtkern führen, umgeben. In diesem Bereich liegen die Grand-Place und der alte Hafen, die elegante Oberstadt, das alte Arbeiterviertel Marollen und das Quartier des Sablons.

Zentrum

Das **Quartier du Centre** (🕮 E/F 4/5) schließt die Grand-Place und das umliegende Karree kleiner Gassen und Plätze ein. Viele historische Gebäude stehen unter Denkmalschutz, andere sind renoviert, restauriert, um-, aus- und neu gebaut und dem ursprünglichen Stil nur angeglichen. Jenseits des Boulevard Anspach liegen das beliebte Ausgehviertel **Saint-Géry,** das Viertel **Dansaert** mit seinen Designerboutiquen und die Schlemmermeile um **Place Sainte-Catherine** und **Vismet.** Südlich der Grand-Place, im Viertel **Saint-Jacques,** findet sich ebenfalls eine höchst lebhafte Kneipenszene mit kleinen Restaurants und originellen Läden.

Oberstadt

Das **Quartier Royal** (🕮 E–G 3/4), die Oberstadt, 80 m über der Altstadt, ist mittels einer breiten Treppenanlage zu erreichen. Markante Punkte sind hier das königliche Schloss, die einstigen Adelspalais und einige interessante Museen. Und zwischen den neoklassizistischen Fassaden leuchtet so manches Jugendstiljuwel. Zu wohnen scheint hier niemand: Unternehmen, Behörden und Ämter haben viele Palais entkernt und bezogen.

Sablon

Die **Place du Grand Sablon** (🕮 E/F 5/6) mit ihren Antiquitätenläden, Restaurants, Chocolaterien und dem an Wochenenden im Schatten der Église Notre-Dame du Sablon stattfindenden Antiquitätenmarkt lädt zum Bummeln und Verweilen ein.

Die Marollen

Der tägliche Flohmarkt auf der Place du Jeu de Balle ist einer der berühmtesten Belgiens. Das **Quartier des Marolles** (🕮 D/E 6/7), das alte Arbeiter- und Armenviertel, in dem wichtige soziale Bewegungen ihren Anfang nahmen, ist im Wandel: Alteingesessene Marolliens ziehen weg, Marokkaner, Tunesier und Schwarzafrikaner zu. Gleichzeitig entsteht hier ein In-Viertel mit Kneipen und Geschäften für eine betuchtere Klientel. Um die Place du Jeu de Balle haben sich schicke Antiquitätenläden etabliert.

Europaviertel

Der Platzbedarf der EU-Bürokratie ist grenzenlos. Riesige verglaste ›Tintenburgen‹ haben das hübsche **Leopoldviertel** (🕮 H–K 6/7) mit seinen alten Bürgerhäusern schon fast aufgefressen. Nur an den Rändern hält sich noch eine ›normale‹ Infrastruktur mit Geschäften und Lokalen.

Laeken und Heysel

Im Norden Brüssels, in **Laeken** (🕮 Karte 4), wohnt der König. Wie viele Brüsseler Bürger hat er seine Wohnung im Grünen und fährt nur zum Arbeiten in die

Stadt. Ganz in der Nähe: das Plateau von **Heysel** mit Messegelände, Fußballstadion und dem weltberühmten Wahrzeichen der Stadt, dem Atomium.

Ixelles und Saint-Gilles

In **Ixelles** und **Saint-Gilles** (🕮 Karte 3) südlich des Zentrums haben sich die schönsten und interessantesten Jugendstilbauten erhalten. Hier finden sich auch Dutzende avantgardistischer Restaurants, Cafés, Clubs und Kneipen.

Schaerbeek

In **Schaerbeek** (🕮 H/J 1/2) am Ende der Rue Royale leben viele Nordafrikaner, die an den Straßenecken ihre Gemüsemärkte aufbauen. Zugleich werden immer mehr Gründerzeithäuser luxussaniert und ziehen junge Rechtsanwälte, Redakteure und Werbeleute an. Kulturell tut sich allerhand in den zum Kulturzentrum umgestalteten Markthallen. Schön für Spaziergänge ist der **Parc Josaphat** mit vielen Skulpturen. Nicht unerwähnt sollte bleiben, dass die Stadtteile Schaerbeek und besonders **Molenbeek** (🕮 A–D 1–4 und westlich davon), das seit Jahren als Problemstadtteil mit kaum zugänglicher Parallelgesellschaft gilt, nach den verheerenden Terroranschlägen im März 2016 in das Fadenkreuz der Terroristenfahnder gerieten.

Anderlecht

In **Anderlecht** (🕮 A 4/5) hat sich ein buntes Völkergemisch aus Schwarz- und Nordafrika, aus der Türkei und Asien und alteingesessenen Brüsselern entwickelt. Die Kriminalitätsrate ist hoch, viele betrachten es als No-go-Area. Andererseits reizt es manchen, hier das Brüssel abseits der ausgetretenen Pfade zu erkunden – das mit exotisch anmutenden kleinen Läden und Küchen. Am Wochenende wird an und in den Hallen des historischen Schlachthofs ein beliebter Markt mit Kleidern, Haushaltswaren und Delikatessen abgehalten. Faszinierend ist gewiss ein Besuch des ›lebenden‹ Gueuze-Museums der Bierbrauerei Cantillon, in dem die Fermentation des Lambic-Bieres stattfindet, mit einer Hefe, die nur in der Luft von Brüssel vorkommt.

BELGIAN FRITES
DEVOKON
BELGIAN

Knuspriges aus der Tüte

Brüssel ohne Fritten, das wäre wie Suppe ohne Salz – weshalb man, wie hier am Marché aux Herbes, in der Metropole auf Schritt und Tritt auf die ›friterie‹ trifft, die hier auch ›fritkot‹ oder ›friture‹ heißen. Die knusprigen Kartoffelstäbchen kommen gewöhnlich in der Papiertüte daher und schmecken nirgendwo besser als an der frischen Luft.

Bunt, schräg und abgedreht

Brüssel ist einfallsreich – und Brüssel versteht es zu feiern. Bei der alle zwei Jahre stattfindenden Zinneke-Parade säumen Tausende die Straßen und Hunderte Teilnehmer gestalten den Umzug: Umtata-Bands, menschliche Riesenmarionetten, Gestentheater, Tänzer, Vereine, Schulen, Bürger ... Aber nicht nur einfach so. Vielmehr mit überbordender Originalität und äußerst detailverliebt. Jedes Mal dreht sich alles um ein anderes Thema, hier war es ›Zerbrechlichkeit‹.

AU
TOT
A
TOT

Haste Töne!

Da greift einer mit Schmachtlocke in die Saiten, verblüfft jemand mit seinem Mundharmonika-Solo, trommelt einer auf der Djembé, fiedelt einer einen Klassiker auf seiner Geige. Manchmal finden sich auch mehrere Musiker zu einer lockeren Jamsession ein. Man bleibt ein Weilchen stehen, genießt die Darbietung, kramt nach einer Münze und legt sie in den Pappbecher. Brüssel, haste Töne? Aber ja, an Straßenecken und Plätzen, sogar in der ratternden U-Bahn.

Ihr Brüssel-Kompass

#2

Luxusgüter und Gaumenfreuden – **die Îlot Sacré**

#3

Brüsseler Weltstars – **Manneken Pis, Brel, Magritte**

Flanieren unterm Glasdach

SOOO KLEIN IST ER

#1

Das pulsierende Herz der Stadt – **die Grand-Place**

Empfangssalon der Extraklasse

WOMIT FANGE ICH AN?

DAS DING KENNT JEDER

#15

Extrem groß, extrem klein – **Atomium und Mini-Europe**

WINTERGARTEN AUS 651.533,64 KG EISEN

#14

Wo der König zu Hause ist – **Laeken**

Sarkophage und andere Oldtimer

POMMES ESSEN MIT MERKEL

#13

Zum Jubeln und Joggen – **Parc du Cinquantenaire**

#12

Glas, Beton und viel Papier – **das Europaviertel**

#4
Bunte Bilder in den Straßen – **eine Comic-Tour**

#5
Tausend Bieren auf der Spur – **Kneipenbummel**

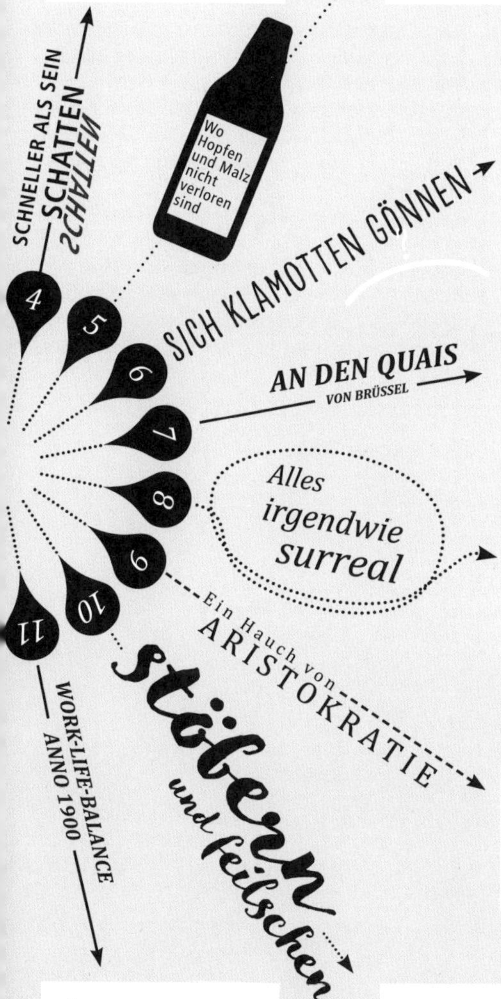

#6
Die Straße der Designer – **Rue Antoine Dansaert**

#7
Muscheln, Fisch und Hummer – **Marché aux Poissons**

#8
Kunst und Klänge über der Stadt – **Mont des Arts**

#9
Von allem nur das Beste – **Grand Sablon und Petit Sablon**

#11
Häuser mit Schwung – **Ixelles und Saint-Gilles**

#10
Das alte Volksviertel – **die Marollen**

1

Das pulsierende Herz der Stadt – **die Grand-Place**

Jean Cocteau hat vielleicht etwas übertrieben, als er den großen rechteckigen Platz im Herzen Brüssels »das schönste Theater der Welt« nannte. Andererseits: Welche Stadt hat schon einen so prächtigen Empfangssalon, der Besucher beim ersten Anblick zu staunenden ›Wow‹-Ausrufen hinreißt?

Warum nicht bei null anfangen! Beim ›geografischen Nullpunkt Belgiens‹, von dem aus die Entfernungen ins Land hinein gemessen werden. Zu finden ist er im Hof des Rathauses – markiert durch einen Stern im Pflastergestein. Das **Rathaus** 1 (15. Jh.), reich verziert, mit Ecktürmen, Arkaden und dem 96 m hohen Belfried, zählt zu

Blumenrabatte im XXL-Format: In geraden Jahren wird im August auf der Grand-Place aus Tausenden von Begonien ein Blütenteppich ausgelegt, der an die große Tradition der Bildteppichweberei in Brüssel erinnert.

den schönsten Profanbauten Belgiens. Im Innern findet man wertvolle Tapisserien, Edelholz-Wandtäfelungen, beeindruckendes Mobiliar und kostbare Gemälde. Kaum zu glauben, dass fast alle Häuser an der Grand-Place nur noch Trümmer waren, nachdem die Soldateska Ludwigs XIV. sie 1695 drei Tage lang beschossen hatte. Wie durch ein Wunder blieb der Rathausturm unversehrt, und das, obwohl die Kanoniere stets gerade ihn anvisiert hatten. Ein Wunder auch, dass es danach gelang, die prunkvollen Gebäude wieder zu erbauen, detailgetreu nach Originalbauplänen.

Geschichten aus der Geschichte

Auf dem Platz hat sich so manches Schreckliche ereignet. So wurde hier im 14. Jh. Everard t'Serclaes, ein Brüsseler Schöffe, bei der Verteidigung Brüssels ermordet. Am **Haus Stern** 2 liegt der Sterbende, in Bronze gegossen. Es soll Glück bringen, wenn man die Statue berührt. Um sicherzugehen, streichen viele auch noch über den Kopf des kleinen Bronze-Hundes. 1568 wurden außerdem die Grafen Egmont und Hoorn, Widerstandskämpfer gegen die spanische Herrschaft, auf dem Platz enthauptet.

Doch auch Großartiges trug sich hier zu. 1549 fand auf dem Platz ein pompöses Fest zu Ehren Kaiser Karls V. statt. Heute wird dieses Ereignis alljährlich beim farbenprächtigen **Ommegang** nachgestellt, mit Reiterei, Fahnenschwenkern, Stelzenläufern und Feuerschluckern. Am Ende des Umzugs befindet sich, umgeben von Mönchen mit brennenden Fackeln, die als wundertätig verehrte Madonnenstatue ›Unsere Liebe Frau auf dem Stoksken‹. Dass sie mitgeführt wird, weist auf die Wurzeln des Ommegangs hin, der schon seit 1359 von der Brüsseler Gilde der Armbrustschützen alljährlich durchgeführt und 1549 zu Ehren Karls V. über die Grand-Place geleitet wurde. Überhaupt ist auf dem Platz stets etwas los: Märkte werden abgehalten, Konzerte und allerlei kurzweilige Aktivitäten veranstaltet.

Reihenhäuser der besonderen Art

Ein Selfie am **Haus Schwan** 3 schießen – mit dem Schild an der Wand, das erzählt, Karl Marx sei hier gewesen? Das macht hier mancher Besucher aus China und aus Russland. In dem Haus haben der

E
ENGEL

Sie müssen den Kopf schon arg in den Nacken legen, wollen Sie erkennen, was bzw. wer die **Spitze des Rathausturms** schmückt: Es ist – ganz in Gold – **Erzengel Michael,** der Stadtpatron, und zu seinen Füßen der bezwungene Drache.

Stelzenläufer beim Ommegang. Eine Besonderheit des Ommegangs ist die Noblesse der Akteure. So wird jedes Jahr aufs Neue der belgische Adel zusammengetrommelt, um die Rollen von Karl V., der Königinnen, Prinzen und des vornehmen Hofstaats standesgemäß zu besetzen. Deshalb kann, wer einem Ritter vom Goldenen Vlies begegnet, sicher sein, dass es sich dabei tatsächlich um einen legitimen Nachfahren eines Ritters dieses Ordens handelt.

Im Haus Schwan (Maison du Cygne) tagte Mitte des 19. Jh. regelmäßig der 1847 von Karl Marx und Friedrich Engels gegründete Deutsche Arbeiterverein. Hier trafen sich exilierte deutsche Sozialisten zu politischen Vorträgen und zu Tanzabenden. Ironie der Geschichte: Heute residiert hier eines der luxuriösesten Restaurants der Stadt.

Vater des Kommunismus und sein Gefährte Friedrich Engels 1847 über dem Manifest gebrütet. Nebenan das **Haus Goldener Baum,** das **Gildehaus der Brauer** mit dem **Biermuseum** 4**.** Wer es besucht, kriegt ein ›Frischgezapftes‹ – all-inclusive.

Ist es Zufall, dass ausgerechnet die Fassade des **Gildehauses der Krämer** 5 mit Figuren von Renard, dem gewitzten Fuchs, und Justitia mit verbundenen Augen geschmückt ist? Sie ist nicht ganz allein, ihr stehen vier Damen, Symbole für die damals bekannten Erdteile, zur Seite.

Am benachbarten **Haus Horn** 6 zeigt der Giebel mit dem Heck einer Karavelle die Verbindung mit der Gilde der Flussschiffer auf. **Haus Wölfin** 7 war das Haus der Bogenschützen, **Haus Sack** 8 mit Globus und Zirkel im Giebel das der Tischler, **Haus Schubkarren** 9 das der Fettmacher, die ganze Schubkarren voller Kerzen zum Markt fuhren.

Mit dem Namen **›König von Spanien‹** 10 widmeten die Bäcker ihr Zunfthaus Karl II. von Spanien. Heute kann man hier prima essen. Das **Haus der Herzöge von Brabant** 11**,** mit 19 steif dastehenden Brabanter Herzögen geschmückt, ähnelt einem italienischen Palazzo. Hinter der Fassade verbergen sich etliche Zunfthäuser. Vom Giebel der **Goldschaluppe** 12**,** dem Zunfthaus der Schneider, hält der in Brüssel geborene hl. Bonifatius segnend die Hand über den Platz; am Eingang steht die hl. Barbara, Schutzpatronin der Schneider.

Berühmter Asylant

Im **Haus Taube** 13**,** dem Gildehaus der Maler, wohnte einst Victor Hugo, Flüchtling aus Paris. Als er 1851 in Brüssel ankam, trug er eine Arbeiterkappe und einen Arbeitermantel. Er hatte einen gefälschten Pass, der ihn als Druckereiarbeiter Jacques Lanvin auswies. Doch das nutzte ihm in Brüssel nichts, der in Belgien verehrte Romancier wurde überall erkannt. Also gab man ihm Asyl unter seinem richtigen Namen und half so gut es ging: Innenminister Charles Rogier gab ihm einige Hemden, Bürgermeister de Brouckère einen Sessel und der Dichter André Van Hasselt ein Sofa. Hugo wohnte im ersten Stock der Taube, über einem Tabakgeschäft. Obwohl er den Tabakgeruch hasste, saß Victor Hugo manchmal morgens im Laden und wartete auf seinen Sohn Charles, bis dieser von einer nächtlichen Tour heimkam.

Ü
ÜBRIGENS

Jeden Morgen schickte **›Juju‹** ihrem **›Toto‹** eine heiße Schokolade. Überhaupt tat die Mätresse von Victor Hugo viel für ihren Toto: Juliette Drouet (Juju) besorgte ihm gefälschte Papiere für die Flucht nach Brüssel und folgte ihm dann. Während ›Toto‹ samt Familie an der Grand-Place wohnte, logierte sie in der Galerie des Princes 11 (heute Buchhandlung Tropismes, ► S. 25).

Die Kleider des Manneken Pis

Die ganze Spannbreite der Brüsseler Historie und Kultur entfaltet das **Musée de la Ville de Bruxelles** 14 im **Haus des Königs:** Kostbare Fayencen aus Brüsseler Werkstätten, Stadtmodelle und Fotografien und nicht zuletzt die üppige Garderobe des berühmtesten Bürgers der Stadt, Manneken Pis (über 1000 Varianten!), sind hier versammelt – Langeweile ist nicht zu erwarten.

INFOS/ÖFFNUNGSZEITEN

Rathaus 1: https://visit.brussels/de, geführte Touren (T 02 548 04 48): Mi 13 (frz.), 14 (engl.), 15 (nl.), So 10 (nl.), 12 und 14 (frz.), 11, 15 und 16 Uhr (engl.), 6/4 €, Tickets im Tourist Office
Biermuseum 4: www.belgianbrewers.be, tgl. 10–17 Uhr, 5 €
Musée de la Ville de Bruxelles 14: www.brusselscitymuseum.brussels, Di–So 10–17 Uhr, 8/4–6 €

KULINARISCHES FÜR ZWISCHENDURCH

Zum Trappistenbier gibt's im **Le Roy d'Espagne** 1 u. a. Käsehäppchen mit Selleriesalz. Es befindet sich im einstigen Gildehaus der Bäcker mit verwinkelten Räumen und Blick auf den Platz (www.roydespagne.be, tgl. 8–1 Uhr).

BRÜSSELER SPEZIALITÄTEN

Feinstes aus Schokolade verkaufen **Godiva** 1, 22, Grand-Place, www.godiva.com; **Neuhaus** 2, 27, Grand-Place, www.neuhauschocolate.com; **Galler** 3, 44, rue au Beurre, www.galler.com, Hoflieferanten des belgischen Königshauses. Spitzen-Erzeugnisse im wahrsten Sinn des Wortes bekommen Sie bei **Maison Antoine** 4, 26, Grand-Place, in dem Haus, in dem einst Victor Hugo wohnte.

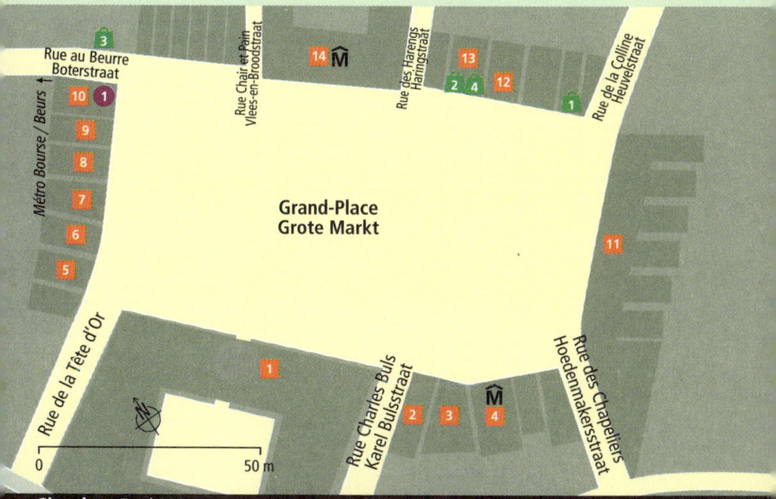

Cityplan: E 4 | **Métro** Bourse

2

Luxusgüter und Gaumenfreuden – **die Îlot Sacré**

Mediterranes Flair mitten in Brüssel. In den Gassen des ›Heiligen Inselchens‹ reihen sich die Lokale aneinander – davor, kunstvoll auf Eis drapiert, Hummer & Co. Mit Nachdruck buhlen die Kellner hier um Gäste. Vornehme Zurückhaltung herrscht dagegen in den Galeries Royales St-Hubert, Charles Baudelaires ›Fitness-Studio‹: Achtmal am Tag flanierte er hier auf und ab.

»Omnibus Omnia« (›Allen alles‹) lockt eine goldglänzende Inschrift über dem pompösen Eingang zu den Königlichen Galerien, den **Galeries Royales St-Hubert** 1. Sie setzen sich aus der Galerie de la Reine, der Galerie du Roi und der Galerie du Prince zusammen. König Leopold II. selbst legte

Flaniermeile unterm Glasdach. Entworfen wurde sie von Jean-Pierre Cluysenaarder, Spross einer Architekten- und Ingenieursfamilie. Die Passagen des 19. Jh. sind die Vorläufer der heutigen Shopping Center.

1846 den Grundstein für die luxuriöse überdachte Ladenpassage, die der verschlafenen Provinzstadt Brüssel zur Wandlung in eine elegante Metropole verhelfen sollte.

Für die neue Passage – glasüberdachte Galerien waren damals der letzte Schrei! – galt das Teuerste als gerade gut genug: hohe neoklassizistische Fassaden mit Arkadenbögen und Säulen in harmonischen Proportionen und hellen, kühlen Farben; ein luftiges Dach aus Glas und Eisen; Nischen, aus denen würdevolle Figuren auf die Passanten herabblicken. Große Schaufenster geben den Blick frei auf edlen, kostspieligen Luxus, Cafés und Restaurants laden zur stilvollen Ruhepause ein. Angenehmer kann der Rahmen für einen Einkaufsbummel kaum sein.

Modische Akzente für Kopf und Kragen – in den Galeries St-Hubert sind sie passgenau zu haben. Nicht billig allerdings, versteht sich.

Keine Waren, die das Auge beleidigen

Das Einkaufsparadies war von Anfang an bis ins Detail geplant – nichts wurde dem Zufall überlassen. Bis heute ist die Mischung der Geschäfte einem strengen Reglement unterworfen. Nur Luxusgüter! Nun ja – fast jedenfalls. Nichts, was unangenehm riechen könnte! Keine grellbunten Billig-Souvenirs! Nein, in diesem Tempel des guten Geschmacks soll alles hochklassig sein: Handtaschen, Parfums, Bücher, Designermöbel, Brautkleider, Schmuck, Krawatten und echte Spitze gehören zum Warenangebot der schicken Einkaufsmeile, die sich vom Marché aux Herbes über die Rue des Bouchers hinweg bis zur Rue de l'Ecuyer zieht und mit einem kleineren Arm, der **Galerie des Princes,** zur Rue des Dominicains reicht.

Gesund? Pralinen vom Apotheker

Die **Confiserie Neuhaus** 1, die der Schweizer Apotheker Jean Neuhaus 1857 als »pharmazeutische Süßwarenhandlung« eröffnete, gilt als der Ort, wo 1912 die Praline erfunden wurde, samt den *ballotins,* den kleinen, mit Gold- oder Glanzpapier kaschierten Kartons. Das Geschäft scheint sich kaum verändert zu haben, noch immer legen freundliche Verkäuferinnen mit weißen Schürzen die Pralinen mit Silberzangen vor.

In den Galerien können Sie wunderbar eine stilvolle Pause einlegen, einen Kaffee, einen Aperitif oder ein kühles Glas Bier zu sich nehmen

B
BÜCHER

Eine der schönsten Buchhandlungen Europas ist **Tropismes** 2 in der Galerie des Princes 11. In der von Säulen gestützten Halle stehen rund 80 000 Bücher in den Regalen. Bevor die Buchhandlung 1984 einzog, hatte hier der Jazz-Club Blue Note sein Domizil, in dem u. a. Jacques Brel auftrat.

Ü ÜBRIGENS

Das **Quartier de L'Îlot Sacré** (Heiliges Inselchen), zu dem u. a. die Galeries Royales und die Rue des Bouchers gehören, ist eine unabhängige Gemeinde mit eigenem Bürgermeister. L'Îlot Sacré war einst eine kleine Insel mit Kapelle in der Senne.

oder herzhaft tafeln. Ein besonderer Genuss ist es, draußen und dabei doch unter einem schützenden Dach zu sitzen und das flanierende Publikum zu beobachten. Das **Mokafe** ❶ am Abzweig der Galerie des Princes ist dafür eine der ergiebigsten Adressen.

Paradiesische Zustände

Wenige Schritte weiter wird man leicht hineingezogen in den Trubel der Brüsseler **›Fressgasse‹**, wo sich ein Restaurant an das andere reiht. Die **Rue des Bouchers** (Straße der Metzger) und die **Petite Rue des Bouchers** wirken wie die Auslage eines riesigen Delikatessengeschäfts. An langen Tischen werden hier schon am Vormittag Fische, Muscheln und Meerestiere auf Eis gebettet und

INFOS/ÖFFNUNGSZEITEN

Marionettentheater Toone (Théâtre Royal de Toone) 2: Impasse Ste-Pétronille (66, rue du Marché aux Herbes), www.toone.be, mit Estaminet (Di–So mittags bis spätabends)
Tropismes 2: T 02 512 88 52, www.tropismes.be

KULINARISCHES FÜR ZWISCHENDURCH

Mokafe ❶: 9, Galerie du Roi 9, T 02 511 78 70, 7–23.30 Uhr. Mit Terrasse in der Passage – stets überdacht.

Aux Armes de Bruxelles ❷: 13, rue des Bouchers, T 02 511 55 50, www.auxarmesdebruxelles.com, Mo–Fr 12–22.45, Sa 12–23.15, So 12–22.30 Uhr, Lunch ca. 21 €. In gemütlichen Räumen können Sie z. B. *Carbonnade de Bœuf à la Gueuze* oder klassische Fischgerichte genießen.
In der **Taverne du Passage** ❸ zu tafeln, ist ein Erlebnis für sich (30, Galerie de la Reine, T 02 512 37 31, www.taverne-du-passage.be, tgl. 12–24 Uhr, Hauptgerichte ab 17 €). In dem großen Lokal aus den 1930er-Jahren bedienen altmodisch-freundliche Kellner in weißen Jacken mit Epauletten! Auf der Karte stehen Speisen der klassischen belgisch-französischen Küche wie Nierchen in Wacholdersoße.
Scheltema ❹: 7, rue des Dominicains, T 02 512 20 84, www.scheltema.be, Mo–Sa 12–14.30, 18.30–22.30 Uhr, Hauptgerichte ab ca. 24 €. Traditionelle Gerichte, darunter viele Meeresfrüchte-Speisen – auf hohem Niveau zu entsprechend stolzen Preisen.

ESTAMINET

À La Bécasse 1: 11, rue de Tabora, www.alabecasse.be, tgl. 11–1 Uhr

Cityplan: E/F 3/4 | **Métro** Gare Centrale

mit Möhren, Paprikaschoten, Chicorée und Selleriestangen zu abenteuerlichen Stillleben aufgebaut – ein Augenschmaus. Sehenswert ist sie allemal, diese Touristenfalle. Aber Achtung: Hier versuchen Kellner, die Besucher in ihr Restaurant zu quatschen. Wobei das **Aux Armes de Bruxelles** 2 durchaus als gute Adresse gilt, in der auch so mancher Brüsseler speist.

Gassen mit Überraschungsfaktor

Von beiden Straßen zweigen kleine Impasses ab, Sackgassen, an deren Enden manchmal ein *estaminet,* eine kleine Kneipe, lockt. Eine davon gehört zum traditionsreichen **Marionettentheater Toone** 2, in dem klassische Stücke fürs Puppenspiel bearbeitet und mit witzigen Improvisationen zu aktuellen Themen versetzt werden. In der Pause hat das alte Estaminet geöffnet, das mit Gueuze und belegten Broten aufwartet.

Zwei Häuserblocks weiter, gegenüber der Église St-Nicolas, wo sich auf der Rue de Tabora kleine Häuser mit allerlei Läden anschmiegen, liegt der unscheinbare Eingang zur Sackgasse, die zum urgemütlichen Estaminet **À La Bécasse** 1 führt. Hier kommt das Bier vom Fass in Steinkrügen auf den Tisch. Dazu passt ein Croque Bécasse mit Schinken und Käse oder ein Toast Cannibal. Ebenfalls interessant: die *Degustatiepalet* mit den verschiedenen Bieren – *zoete lambiek, witte lambiek, kriek* und *bourgogne des Flandres.*

Zum Theater Toone gehört eine Werkstatt, in der die Marionetten von Hand gefertigt werden. Hat eine Puppe irgendwann ausgedient, erwartet sie eine zweite Karriere: als Ausstellungsstück im angeschlossenen kleinen Museum. Dort sind Puppen aus aller Welt versammelt.

Ü
ÜBRIGENS

In der Impasse de la Fidelité, einem Seitengässchen der Rue des Bouchers, wird in einer gewissen Angelegenheit der Gleichberechtigung Genüge getan: **Jeanneke Pis** 3 kann es genauso gut wie ihr älterer Bruder Manneken.

#3

Brüsseler Weltstars – **Manneken Pis, Brel, Magritte**

Jeder kennt das pinkelnde Männlein. Und dennoch: Kaum jemand kehrt Brüssel den Rücken, ohne mal kurz bei ihm vorbeigeschaut zu haben. Wenn Besucher den kleinen Mann ein paar Schritte hinter der Grand-Place dann gefunden haben, macht sich auf ihren Gesichtern meist Enttäuschung breit: »Sooo klein ist er …«

Tatsache! Der berühmteste Brüsseler ist gerade mal 55,5 cm groß. Ein pausbäckiger Knabe, 400 Jahre alt. Unverdrossen pinkelt er in ein Bronzebecken – umringt von knipsenden und filmenden Menschen aus aller Herren Länder, Staatsbesucher auf Stippvisite eingeschlossen. Ehre, wem Ehre gebührt.

Aschenbecher voller Gauloises-Kippen, eine halb geleerte Whisky-Flasche – Jaques Brel bangte seinen Auftritten entgegen. »Vor lauter Lampenfieber war ihm jedes Mal zum Kotzen«, berichtete seine Tochter France einmal.

Das Manneken als Mannequin

Das **Manneken Pis** 1 ist einer von wenigen ehemaligen Stadtbrunnen, an denen sich die Bewohner und Badehäuser der umliegenden Straßen mit Wasser versorgten. Schon im 15. Jh. stand hier ein Männlein, damals noch aus Stein modelliert. Die Figur in ihrer heutigen Gestalt wurde 1619 von Jérôme Duquesnoy geschaffen. Ihr historischer Ursprung liegt im Dunkeln. War sie die frivole Dekoration eines öffentlichen Badehauses mit Bordell? Oder geht sie, wie eine Legende besagt, darauf zurück, dass ein Knabe heldenhaft im letzten Moment auf eine angezündete Lunte pinkelte, mit der das Rathaus abgefackelt werden sollte?

In seliger Nacktheit wird man das Bübchen allerdings nicht immer antreffen. Ausgerechnet ein Bayer, nämlich Kurfürst Max Emanuel, soll der fortdauernden Blöße 1698 mittels einer blau-weißen Tracht ein Ende bereitet haben. Und 1747 spendierte König Ludwig XV. dem Männlein eine Gala-Uniform, als Wiedergutmachung, weil seine Soldaten zuvor das Männlein geklaut hatten. Mittlerweile besitzt ›Le Petit Julien‹, wie es mit Zweitnamen heißt, eine Garderobe aus mindestens 1000 Anzügen, Uniformen, Trachten und Trikots, die im Musée de la Ville de Bruxelles aufbewahrt und gezeigt werden – allerdings nur ein Teil. Sie werden ihm zu besonderen Anlässen wie Delegationsbesuchen oder Jahrestagen von einem eigens damit beauftragten städtischen ›Gewandmeister‹ übergezogen. So steht Manneken Pis schon mal als pinkelnder Cowboy, Soldat, Napoleon oder Schotte der Menge Schaulustiger gegenüber.

Manneken Pis hat längst eine eigene Homepage: www.manneken-pis.be. Hier finden Sie etliches über die Herkunft des pausbackigen Pinklers, seine Entführungen sowie andere Geschichten aus seiner Vergangenheit. Dazu Bilder vieler seiner Gewänder und Informationen zu bevorstehenden Ereignissen rund um das Männlein.

Ein Brüsseler singt von Amsterdam

Mancher hält den großen Chansonnier (»Ne me quitte pas«, »Amsterdam«) mit der Gauloise im Mundwinkel ja für einen Franzosen, dabei ist er ein waschechter Brüsseler: Jacques Brel. In Brüssel wurde er geboren, hier hat er seine Jugend verbracht, hier griff er zur Gitarre, hatte in Varietétheatern in den Königlichen Galerien erste Auftritte, zechte in Kneipen wie dem Mort Subite im Îlot Sacré, aß in der Taverne du Passage. In ihrer Stiftung **Éditions Jacques Brel** 2 hat Tochter France Brel Videos, Audios u. v. m. zusammengetragen, um ihren Vater unvergesslich zu machen.

▶ AUDIOGUIDE

Bei den **Éditions Jacques Brel** können Sie einen Audioguide mit der 2,5-stündigen Führung »J'aime l'accent bruxellois« ausleihen und sich auf Jacques Brels Spuren begeben – mit seinen höchstpersönlichen Anekdoten zu Brüssel und manchen Liedern im Ohr (9/7 €, unbedingt reservieren; nur auf Französisch, doch es gibt auf Anfrage auch Infoblätter auf Deutsch).

Unter Brettspielern und Diskutanten

Zum Trio der Brüsseler Weltstars zählt auch René Magritte, der berühmte Maler des Surrealismus. Der Sohn eines Schneiders und einer Hutmacherin wurde in Lessins, südwestlich von Brüssel, geboren und lebte später jahrzehntelang in der Hauptstadt.

Sieht noch aus wie zu Magrittes Zeit: Eingang des Belle-Époque-Cafés Le Greenwich.

Wer im Zentrum von Brüssel auf Magrittes Spuren wandeln möchte, hat nur wenige Anhaltspunkte. Gewiss, man kann sich die Kirche anschauen, in der er getraut wurde (Ste-Marie, Schaerbeek). Man stößt vielleicht auf den Laden, in dem seine Frau Georgette gearbeitet hat (Maison Lefebvre, früher Maison Berger, 25, rue du Midi) und auch das Geburtshaus des Musikers und Künstlers E. L. T. Mesens, mit dem Magritte eng befreundet war (gleich neben dem anarchistischen Buchladen in der Rue de la Grand Ile 36). All das gibt jedoch nicht viel her. Anders ein Besuch des schönen Belle-Époque-Cafés **Le Greenwich** ❶. Vorn am Eingang hat Magritte oft gesessen und über Schachzügen gebrütet. Schachspieler, nicht sel-

INFOS/ÖFFNUNGSZEITEN

Éditions Jacques Brel 2: 11, pl. Vieille Halle aux Blés, www.jacquesbrel.be, Di–So 12–18.30, Einlass bis 17.30 Uhr, 5–10 €)
Le Greenwich ❶: 7, rue des Chartreux, T 02 540 88 78, www.greenwich-cafe.be, tgl. 12–24 Uhr
La Fleur en Papier doré ❷: 55, rue des Alexiens, T 02 511 16 59, www.goudblommekeinpapier.be, Di–Sa 11–24, So bis 19 Uhr, gelegentlich auch montags zu literarischen Veranstaltungen geöffnet
René Magritte Museum: 135, rue Esseghem, Brüssel-Jette, T 02 428 26 26, www.magrittemuseum.be, Mi–So 10–18 Uhr, 8/6 €
Théâtre Royal des Galeries 1: 32, Galerie du Roi, www.trg.be

KULINARISCHES FÜR ZWISCHENDURCH

Urgemütlich ist die Kneipe **Le Poechenellekelder** ❸ gegenüber vom Manneken Pis. Der Name? Hier gab's im Keller mal ein Marionettentheater. Sie können unter unzähligen originellen Biersorten wählen und sich mit Snacks stärken (5, rue du Chêne, www.poechenellekelder.be, Di–So 11–1, Fr/Sa bis 2 Uhr).

Cityplan: D–F 3–5 | **Métro** Bourse

ten ein Dutzend, die Köpfe über den Brettern, die Augen auf die Figuren fixiert, gehörten wie er über Jahrzehnte quasi zum Interieur – wie die holzgetäfelten Wände mit den großen Spiegeln, das abgenutzte Mobiliar und die korinthischen Kapitelle. Das Ambiente des Belle-Époque-Cafés hat sich seit den 1930er-Jahren kaum verändert. Auch nicht die des musealen Pissoirs. Der auffordernde Blick von Madame hinter dem Tresen des Cafés signalisiert indes dem eintretenden Gast: Dies hier ist kein Museum! Anschauen gerne, aber bitte auch konsumieren. Leute, die im Lokal stundenlang bei einer Tasse Tee am Schachbrett hockten, hatte sie reichlich.

Und auch im Café **La Fleur en Papier Doré** 2, damals wie heute ein Treff der Künstler und Intellektuellen, war Magritte häufig anzutreffen, im Kreise weiterer lokaler Surrealisten. Das Café hat viel von seinem alten Charme bewahrt. An den Wänden, von Tabakqualm gebräunt, hängen zahlreiche Erinnerungsstücke und Fotos aus jener Zeit. Kann sein, dass Magritte von dem einen oder anderen Gegenstand zu einem Bild inspiriert wurde. Vor Kurzem wurde hier ein den belgischen Surrealisten gewidmetes Kulturzentrum eingerichtet.

UM DIE ECKE

Die einstige Wohnung von Magritte im Vorort Jette ist heute das **René Magritte Museum.** Ab Bourse benötigen Sie mit der Metro ca. 17 Min. (bis Station Belgica, dann kleiner Fußweg). Sie können aber auch – beschaulicher und ganz wie der Maler es zu tun pflegte – mit der Tram fahren (Nr. 19, 51, 93). Wahrscheinlich werden Sie überrascht sein – Magrittes Wohnung, schmal wie ein Handtuch, wirkt eher kleinbürgerlich und gesichtslos: ein Wohnzimmer mit Warenhaus-Möbeln, einen Kamin mit Marmorgesims und Porzellan-Hündchen auf dem Klavier. Im Esszimmer malte Magritte in einer Ecke seine Bilder. Gut die Hälfte seiner 1600 Werke hat er hier geschaffen, eingezwängt zwischen Tisch, Tür und Ofen. Für jeden, der die Werke des Malers in dem anderen Magritte-Museum, dem Musée Magritte Museum (► S. 49) auf dem Kunstberg anschauen und mehr über den Maler wissen möchte, ist ein Besuch von Magrittes Wohnung eine ergiebige Ergänzung.

Ü ÜBRIGENS

Falls Sie einmal eine Aufführung im **Théâtre Royal des Galeries** 1 besuchen: Das Deckengemälde – blauer Himmel mit weißen Wolken – ist von Magritte. Im Entwurf hingen allerdings noch etliche Schellen frei zwischen den Wolken.

Im Schlafzimmer liegt ausgestopft auf dem Bett Loulou, der – wie ein Freund des Malers einmal fluchte – »gottverdammte Hund« Magrittes.

#4

Bunte Bilder in Brüssels Straßen – **eine Comic-Tour**

Wild um sich schießend rennen die Dalton-Brüder aus der Bank. Doch sie haben die Rechnung ohne Lucky Luke gemacht: Der zieht blitzschnell seinen Colt – und schon wandern die Dumpfbacken in den Knast. Überlebensgroß prangt die Comic-Szene an einem Haus in der Rue de la Buanderie. Nicht die einzige Fassade in Brüssel, die Sie in eine Comic-Welt versetzt …

Arm in Arm spazieren Broussaille und seine Freundin Catherine durch Brüssel. 1978 veröffentlichte der Zeichner Frank Pé erstmals eine Serie von Comic-Bildern mit Broussaille als Hauptfigur im belgischen Magazin »Spirou«.

Dass eine derart berühmte Comic-Figur wie Lucky Luke aus Belgien stammt, ist kein Zufall: Belgien ist Comic-Land. Anders als in Deutschland, wo Comics sich nur langsam ein erwachsenes Publikum erobern konnten, genießen die *bandes dessinées*, kurz BD, hier hohes Ansehen. Lucky

Luke, Tim, der rastlose Reporter mit seinem klugen Hund Struppi, die drolligen Schlümpfe, der pfiffige Page Spirou oder das unvergleichliche Marsupilami mit dem 8 m langen ›intelligenten‹ Schwanz – sie alle sind Geschöpfe belgischer *bédéistes,* Comic-Zeichner. Die berühmtesten Figuren begegnen dem Brüssel-Besucher fast auf Schritt und Tritt, denn seit 1991 werden in der ganzen Stadt immer neue Comic-Wandbilder geschaffen, mittlerweile sind es über 50!

Die Comicfigur Tim heißt im französischsprachigen Original Tintin.

Berühmte Figuren, berühmte Zeichner

Nur einen Steinwurf von der Grand-Place tauchen auf dem Weg zu Manneken Pis in der **Rue l'Etuve** an Haus Nr. 37 **Tim & Struppi** 1 auf, hoch oben auf einer Feuerleiter. Kenner wissen: Die Szene stammt aus »Der Fall Bienlein«. ›Tim & Struppi‹ wurden von Hergé (1907–83), einem der bekanntesten Comic-Autoren Belgiens kreiert.

Sind es zwei junge Männer? Oder Mann und Frau? Die erste, 1991 gemalte große Comic-Wandmalerei in Brüssel ist **Broussaille** 2 von Frank Pé. Sie zeigt ein junges Paar, das Arm in Arm durch die Straße spaziert. Es befindet sich in der **Rue Marché au Charbon,** in einer Gegend homosexuellen Nachtlebens, und wurde von entsprechenden Etablissements als Reklame für ihr Viertel genutzt. Bis man der schwarzhaarigen Figur 1999 ein feminineres Aussehen samt Ohrringen verpasste.

Helden mit und ohne Pferd

Was entdecken **Victor Sackville** 3 und seine elegante Begleiterin auf dem Kopfsteinpflaster der Rue Marché au Charbon, Haus Nr. 60? Und was hat der finstere Bösewicht vor, der gerade das Zimmer einer verzweifelten Blondine in der **Rue du Bon Secours** betritt? Händeringend beugt sie sich aus dem Fenster. Und tatsächlich: **Ric Master** 4, Journalist und ewiger Retter in letzter Sekunde, hangelt sich bereits an der Dachrinne entlang, um ihr zu Hilfe zu kommen.

Auf der **Place St-Géry** steht ein flämischer Superman: ein blonder Hühne, der auf seinem ausgestreckten Arm eine kleine Menschenpyramide trägt. Ein Herr im braunen Anzug schaut verzückt den Vögelchen nach, nur der Betrachter sieht, welches Unheil ein einzelner Specht anrichten kann. **Nibbs** 5, der hier die tragende Rolle

M
MUSEEN

Im **Comic-Museum Centre Belge de la Bande Dessinée,** nordöstlich des Zentrums, können Sie die ›Geburt‹ eines Comics von der Idee bis zur Vermarktung erleben. In einem kleinen Kino laufen Sequenzen bekannter Zeichentrickfilme und jedem großen belgischen Bédéiste ist eine Ecke gewidmet, die seinem Stil entspricht. Mit gut sortiertem Comic-Laden! Im **Musée Marc Sleen** gegenüber dreht sich alles um das Werk des Erfinders von Nero (frz. Nibbs), einer bekannten Comic-Figur.

Maurice de Bévère (›Morris‹) im Outfit der von ihm kreierten Figur Lucky Luke.

spielt, erblickte bereits 1946 das Licht der Welt und wurde zum unverzichtbaren ›Mitarbeiter‹ der Tageszeitung »Het Nieuws van de Dag«.

Auf der **Rue de la Buanderie** stürmen **Asterix und Obelix** 6 ein Römerlager, und ein Stück weiter finden Sie die anfangs geschilderte Szene, die **Lucky Luke** 7 mit seinem superschlauen Pferd Jolly Jumper zeigt. Erschaffen wurde die weltbekannte Comicfigur 1947 von dem Belgier Maurice de Bévère (›Morris‹). Früher hatte der einsame Cowboy eine Zigarettenkippe im Mund. Seit 1983 nuckelt er an einem Grashalm. Das brachte Morris sogar einen Preis der UN-Weltgesundheitsorganisation WHO ein.

Die ›neunte Kunst‹ in Zahlen

Über 50 Hausfassaden in Brüssel, die meisten im Zentrum, sind mit farbigen, meist witzigen Bildern geschmückt. Sie spiegeln das besondere Interesse der Belgier an dieser Kunstform wider. An die 400 Comic-Zeichner arbeiten für belgische Verlage, die jährlich 30 Mio. Comic-Hefte verlegen. Das kleine Land, das seit Jahrhunderten um seine sprachliche und politische Identität ringt, hat sich mit den *bandes dessinées* eine visuelle Kommunikationsform geschaffen, die über alle sprachlichen, politischen und gesellschaftlichen Barrieren hinweg Menschen begeistert.

Riesengroß und farbenfroh schweben bei der Balloon's Day Parade – Highlight des Comic-Strip-Festivals (drei Tage im September) – Comic-Figuren durch Brüssels Straßen. Ihm ist gerade die Puste ausgegangen: dem Pagen Spirou, Geschöpf des Zeichners Rob-Vel.

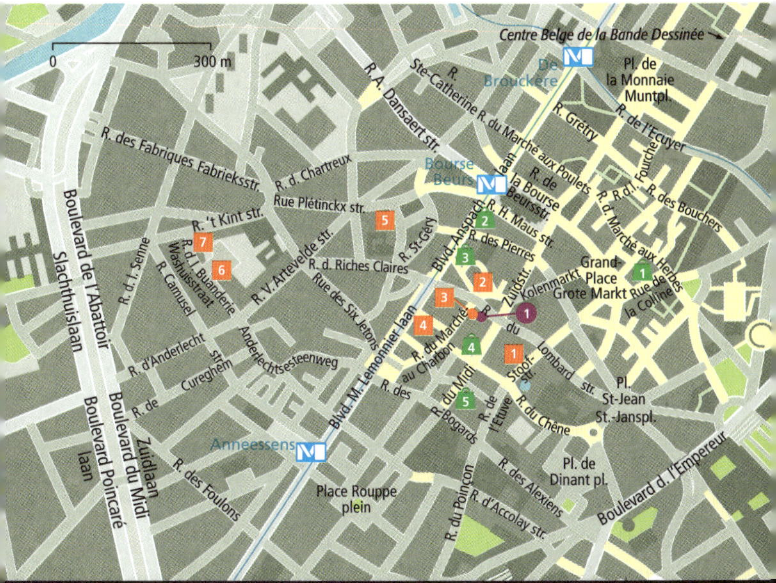

Cityplan: D/E 3–5 | **Métro** Bourse

COMIC-ROUTEN

Bei den Touristenbüros gibt es Mini-Maps zu diversen Comic-Routen (z. T. dt.). Der **Comic-Rundgang** führt an 50 Wandbildern vorbei, die **Tintin-Tour** thematisiert ›Tim & Struppi‹, die **Marc-Sleen-Tour** das Werk des Schöpfers von Nero (Nibbs). Cool: Mit dem **Segway** in zwei Stunden auf der **Comic-Book-Tour** zu über 50 Wandgemälden (Segway Brussels, T 02 588 78 99, www.segwaybrussels.be, frz., nl., engl.). Oder Sie entdecken Brüssel und seine Comic-Wände mit einem lokalen Greeter, in Ihrer Sprache und kostenlos (https://visit.brussels/en/sites/greeters/).

SHOPPING FÜR COMIC-FANS

Die **Boutique de Tintin** 1 (13, rue de la Colline, T 02 514 51 52, https://boutique.tintin.com) wurde von einer Kennerin eingerichtet: Ihr Vater war der chinesische Berater von Hergé. Neue und gebrauchte Comics: z. B. **Brüsel** 2 (100, bd. Anspach, www.brusel.com); **Multi BD** 3 (122–124, bd. Anspach, http://bulledor.blogspot.com); **Evasions** 4 (89, rue du Midi, www.evasions-livres.eu); **Le Dépôt de Bruxelles** 5 (108, rue du Midi, www.depotbd.com).

COMICS IM MUSEUM

Centre Belge de la Bande Dessinée (Comics-Zentrum): 20, rue des Sables, www.cbbd.be, tgl. 10–18 Uhr, 10/3,50–8 €. Museum in einem ehemaligen Jugendstil-Kaufhaus, mit Comic-Buchladen Slumberland (www.slumberlandbd.com) und Brasserie Horta. **Musée Marc Sleen:** 33, rue des Sables, www.marc-sleen.be, Di–So 11–13, 14–18 Uhr, 2,50/1–2 €

KULINARISCHES FÜR ZWISCHENDURCH

Nette Bistro-Atmosphäre und belgische Spezialitäten: **Café Le Lombard** 1 zu Füßen der Comics-Hauswand mit Victor Sackville (1, rue du Lombard, T 04 88 04 08 08, Hauptgericht 8–24 €).

\# 5

Tausend Bieren auf der Spur – **Kneipenbummel**

Belgien ist berühmt für seine unzähligen Biersorten, die sich mehr als anderswo in Farbe, Geschmack und Darreichungsform, Aroma und Alkoholgehalt unterscheiden. Welches Bier schmeckt Ihnen am besten? Finden Sie es bei einem Praxistest heraus.

Trotz des Namens ›Zum plötzlichen Tod‹ ein quicklebendiger Ort – und das schon seit 1928 und in vierter Generation: die Kneipe À la Mort Subite. »Mort Subite« heißt auch das Gueuze-Bier, das hier ausgeschenkt wird.

Wer in einer Brüsseler Kneipe ein ›Bier‹ bestellt, outet sich sofort als Neuling. Wahrscheinlich wird ihm der Wirt schweigend ein Glas Maes, Jupiler oder Stella Artois hinstellen, ein helles, leicht bitteres Pils, das nicht im Gedächtnis bleibt. Dabei wäre nichts interessanter als eine Entdeckungsreise durch die Welt der belgischen Biere. Schon die Fülle der verschiedenen Sorten ist frappierend: Ein Café, das etwas auf sich hält, hat kei-

nesfalls weniger als zwanzig verschiedene Fass- und Flaschenbiere auf der Karte stehen.

Kleiner Biersorten-Check

Ein guter Einstieg für eine ›Tour de Bière‹ wäre ein **Leffe,** benannt nach einer Abtei in den Ardennen – überhaupt haben viele Biere ihre Tradition in Klöstern oder Beginenhöfen. Das Leffe wird als Blonde, also hell und frisch, Brune, dunkel mit aromatisch-malzigem Geschmack, und als starkes Triple angeboten. Vergleichbare Marken sind das Corsendonk oder das Orval, ebenfalls sogenannte Abteibiere. Einen guten Ruf genießt das **Chimay,** ein fruchtiges, starkes Bier mit einer zarten Muskatnote. Seit einigen Jahren ist die **Blanche** populär, ein leichtes, naturtrübes Weizenbier, in einem soliden Glas – manchmal mit einer dicken Zitronenscheibe – serviert.

Urtypisch belgisch und schwarz wie die Nacht sind die **Trappisten,** obergärige Biere, die von Mönchen in Klostergemäuern und Abteien gebraut werden und es auf einen Alkoholgehalt von über 10 % bringen. In Belgien dürfen sich nur sechs Biere mit dem Namen des Mönchsordens schmücken, drei (St-Sixtus aus Westvleteren, Westmalle, Achel) stammen aus dem nördlichen, drei (Chimey, Orval, Rochefort) aus dem südlichen Belgien. Bier, das im Auftrag der Abteien aus gewöhnlichen Brauereien stammt, darf sich immerhin Abteibier nennen.

Das bernsteinfarbene Kwak-Bier wird in einem speziell geformten Glas mit dem Aussehen einer riesigen Eieruhr in einer Holzhalterung, dem ›Chevalier‹, serviert. Einst diente dieses Glas Pferdekutschern dazu, ihr Bier direkt am Kutschbock einzuhängen, damit es in Griffnähe war und nicht umkippte.

Die Brüsseler Bier-Bazillen

Unter den unzähligen Bieren Belgiens gibt es eines, das ohne Zweifel einen Sonderplatz einnimmt: das **Gueuze** (auch Geuze), das Bettlerbier. Es ist ein Bier, das nach einem einzigartigen Verfahren ausschließlich in Brüssel gebraut wird. Nur ein einziges Unternehmen stellt es noch nach alter Tradition her: die kleine Cantillon-Brauerei in Anderlecht, nahe dem Südbahnhof.

Die Besonderheit dieses säuerlichen Bieres sind nicht die Bestandteile, sondern die Tatsache, dass die Gärung nicht durch die Zugabe von Hefe in Gang gesetzt wird. Die Gärung erfolgt vielmehr spontan: Mikroorganismen namens *Bretanomycis lambicus* und *Bretanomyces bruxellensis,* die ausschließlich in Brüssel heimisch sind und sich in der Luft, in den Balken, den Holzfässern und den Bo-

B BRAUEREI

Besichtigen Sie unbedingt die **Cantillon-Brauerei** in Anderlecht nahe dem Südbahnhof! Sie bekommen ein lebendiges **Museum** zu sehen, das zugleich eine aktive Brauerei ist (Musée Bruxellois de la Gueuze, 56, rue Gheude, Anderlecht, www.cantillon.be, Mo, Di, Do–Sa 10–17, Einlass bis 16 Uhr, 7/6 € inkl. 1 Glas Bier).

INFOS/ÖFFNUNGSZEITEN

Biermuseum (Musée des Brasseurs Belges) 1: im Gildehaus der Brauer, Grand-Place, www.belgianbrewers.be, tgl. 10–17 Uhr, 5 €

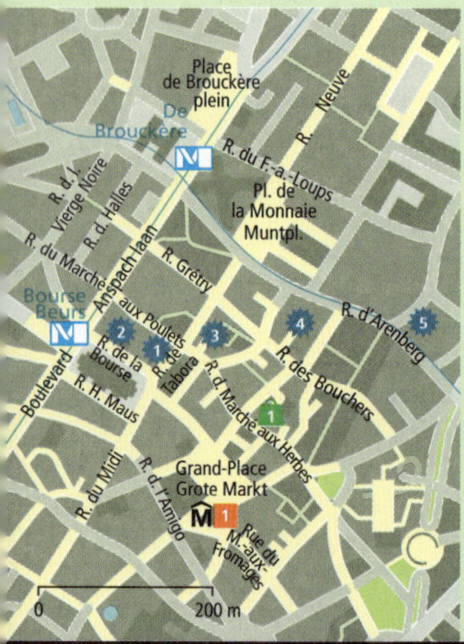

Cityplan: E/F 3/4 | **Métro** Bourse

ESTAMINETS

À La Bécasse 1: 11, rue de Tabora, tgl. 11–1 Uhr
Cirio 2: 18, rue de la Bourse, tgl. 10–24 Uhr
À l'imaige de Nostre-Dame 3: 3, impasse des Cadeaux, tgl. 11–1, Do–Sa bis 3 Uhr
Délirium 4: 4, impasse de la Fidélité, Mo–Sa 10–4, So bis 2 Uhr
À la Mort Subite 5: 7, rue Montagne aux Herbes Potagères, tgl. 11–1, So bis 24 Uhr

BIER FÜR ZU HAUSE

Auf den Geschmack gekommen? Wenn Sie belgisches Bier mit nach Hause nehmen möchten – dort sollte es vor dem Genuss ein paar Wochen ruhen –, ist der **Bier Tempel** 1 (56b, rue du Marché aux Herbes, www.biertempel.eu) eine gute Adresse. Wie wäre es mit dem coolen ›Halben Meter Bier‹? Was das ist? Ein Holzgestell mit sieben Flaschen verschiedener belgischer Biersorten.

Reklame für das ›Bettlerbier‹

dendielen der Brauerei befinden, bewirken, dass die Gärung einsetzt. Darum ist das Becken, in dem sich die Gärung vollzieht, auch ganz oben, direkt unter dem luftig aufgezimmerten Dach aufgestellt.

Das Bier, das auf diese Weise entsteht, ist das **Lambic.** Man bekommt es nur noch in wenigen Brüsseler *estaminets,* z. B. bei **À La Bécasse** 1. In der Kneipe mit den einfachen gescheuerten Holztischen wird das Bier in dickwandigen Steinkrügen serviert, dazu bestellt man stilecht Quarkbrote. Unentschlossene lassen sich eine Palette mit vier kleinen Kostproben kommen: Lambic doux (süßsauer, ohne Schaum), Lambic blanc (ein erfrischend-säuerliches Bier), Kriek mit dem überraschenden Kirschgeschmack und schließlich ein Bourgogne des Flandres, ein starkes, dunkles, malziges Bier. Folgen Sie einfach der ins Trottoir eingelassenen Messing-Schnepfe *(bécasse)* mit dem langen Schnabel oder dem blinkenden roten Pfeil. Wie guter Wein muss auch das Lambic einige Jahre im Holzfass reifen. Wenn es nach angemessener Zeit die richtige Qualität hat, verschneidet der *Gueuzesteker* älteres und jüngeres Lambic – so entsteht die berühmte Gueuze. Sie wird auf Flaschen gezogen, wie Champagner verkorkt und mit Draht versehen.

Kleine Estaminets-Runde

Nichts geht über das Probieren an Ort und Stelle, etwa im **Cirio** 2 gleich neben der Börse. Das hinreißende Belle-Époque-Lokal mit seiner großen Straßenterrasse hat eine reiche Auswahl an Bieren. Urgemütlich und etwas versteckt ist das **À l'imaige de Nostre-Dame** 3, eine der ältesten Brüsseler Bierkneipen. Sie müssen nicht viel trinken, um ins **Délirium** 4 zu kommen – die rosa Elefanten, die Sie sehen, wenn Sie sich der Kneipe nähern, sind tatsächlich Teil der Deko. 3000 verschiedene Biersorten stehen hier zur Wahl!

Unbedingt lohnt auch ein Besuch der Kneipe **À la Mort Subite** 5 mit ihren vergilbten, lackierten Wänden. Zum Glas Bier gleichen Namens nehmen Sie vielleicht ein *cannibale,* eine Scheibe Brot mit gewürztem Tatar. Der Name des Lokals (Zum plötzlichen Tod) bezieht sich übrigens auf das Würfelspiel Pitjesbak, das man einst hier pflegte.

M MUSEUM

Das **Biermuseum** 1 an der Grand-Place gibt einen Einblick in die Braumethoden. Im Eintritt inbegriffen ist ein Glas Bier im Estaminet. Das Museum ist im alten Gildehaus der Brauer untergebracht.

Puristen achten darauf, dass sie zu jedem Bier auch das passende Glas nehmen, also nicht womöglich eine Gueuze aus einem Tulpenglas mit dickem Stil trinken, das eigentlich für ein Trappist vorgesehen ist (im Estaminet Délirium).

6

Die Straße der Modedesigner – **Rue Antoine Dansaert**

Von Spitzenhöschen und Designer-Eye-wear (sprich: Brille) bis zum schicken Schuh und Silbercollier finden Sie in der Rue Antoine Dansaert einfach alles. Klar, dass die Straße mit ihren Boutiquen und Outlets für Fashion Addicts ein magischer Ort ist.

Brüssel war schon immer ›in Mode‹. Seit einigen Jahren versucht man dies stärker ins internationale Blickfeld zu rücken. Umgekehrt ist die Internationalität der Stadt für die Modemacher eine Quelle der Inspiration.

Dass Brüssel eine Modestadt ist, eine Metropole für junge Designer, ist vielleicht nicht allgemein bekannt. Doch wer einmal die Rue Antoine Dansaert auf und ab spaziert, wird sofort eines Besseren belehrt. Immerhin besitzt Brüssel fünf Hochschulen für Design und die jungen Absolventen versuchen gern, in der Hauptstadt Fuß zu fassen. Etliche haben sich in der traditionellen

Einkaufsstraße Rue Antoine Dansaert niedergelassen, wo die kleinen, verwinkelten Ladenlokale in den 1980er-Jahren noch günstig zu mieten waren.

Fashion für Großstädter

Schöne Unterwäsche bekommen Sie bei **Underwear** 1 (Haus Nr. 47), ausgefallenen Schmuck, hauptsächlich Silber – jedes Stück natürlich ein handgefertigtes Unikat –, bei **Marianne Timperman** 2 (Nr. 50). Marie-Chantal Regout präsentiert ihr Label **Rue Blanche** 3 und ihre raffiniert-einfachen, femininen, weich fallenden Stücke in ihrem neuen Store in Haus Nr. 54. Wenige 100 Meter weiter stoßen Sie auf den Shop der belgischen Modedesignerin **Annemie Verbeke** 4 (10, rue Léon Lepage), deren beliebte Mode sich u. a. durch überraschende, fast versteckte Details auszeichnet.

Pure Eleganz, ausgesprochen feminin – Prêt-à-porter-Mode (in durchaus limitierten Stückzahlen) und mehr der ambitionierten Designerin Elisabeth De Sloovere finden Sie im Laden **Sabeth Belgium** 5 (Nr. 81).

Von Kopf bis Fuß

Der Name bringt es auf den Punkt: **Hatshoe** 6 (Nr. 89) führt extravagante Hüte und schicke Schuhe internationaler Top-Designer. Eine der ältesten Boutiquen der Straße ist **Stijl** 7 (Nr. 74). Hier zeigt Sonja Noël avantgardistische Designermode für Sie und Ihn von belgischen Modeschöpfern wie Ann Demeulemeester, Dries van Noten und Rick Owens. Exklusive Brillen und Armbänder, inspiriert von Motiven der Brügger Spitze, und weitere faszinierende Kreationen finden Sie bei **Hoet Optiek** 8 (Nr. 97).

UM DIE ECKE

Die **Place St-Géry** und deren Umgebung mit ihrem großen Angebot an Cafés und Restaurants ist bei jungen Brüsselern und Besuchern angesagt. In den **Halles de St-Géry** 1, den einstigen Markthallen aus Backstein und Schmiedeeisen, befinden sich ein nettes **Café** und Ausstellungsflächen – hier findet regelmäßig Livemusik und jeden 1. Sonntag im Monat ein **Vintage-Markt** statt (► S. 101).

Ü ÜBRIGENS

Klöppelspitze war gestern – heute sind in der Modemetropole Brüssel Avantgarde, Vintage und Retro angesagt. Alljährlich im Oktober stellen junge, kreative Modemacher und Designer ihre neuen Kreationen vor. Wann, wo und wer? Siehe: **MAD** (Mode and Design Center), http://mad.brussels.

Summertime-Feeling an der Place St-Géry

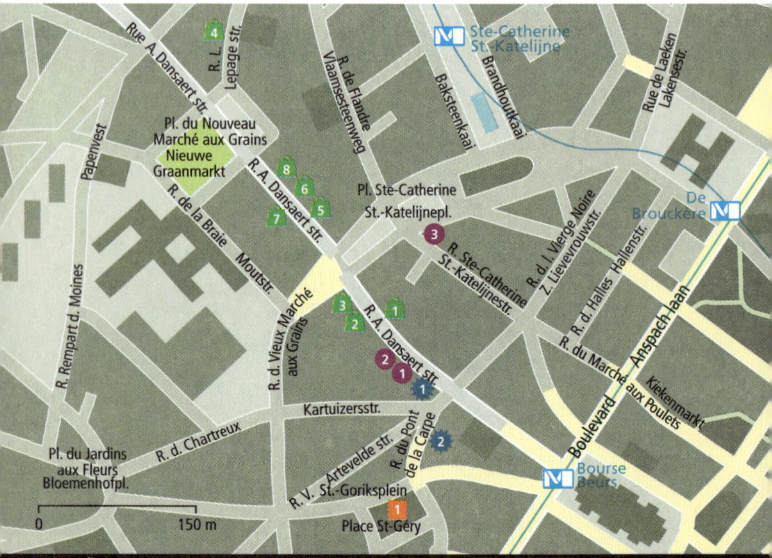

Cityplan: D/E 3/4 | **Métro** Bourse

ÖFFNUNGSZEITEN

Die meisten Shops sind Mo–Fr 10–18 und Sa 10–17 Uhr geöffnet.

KULINARISCHES FÜR ZWISCHENDURCH

Lassen Sie sich nach dem Einkaufsbummel in einen Traum aus 1001 Nacht entführen: Das **Kasbah** ❶ (20, rue Antoine Dansaert, T 02 502 40 26, www.lakasbahresto.be, tgl. 12–14, 18.30–22, Fr/Sa bis 23.30 Uhr, Hauptgerichte ab ca. 17 €) erfreut sich großer Beliebtheit, vor allem wegen der verschiedenen Couscous-Varianten und der reichhaltigen Vorspeisenplatten.
Ganz auf starke, leuchtende Farben, zurückhaltendes Design und ambitionierte Küche setzt **Bonsoir Clara** ❷ (22–26, rue Antoine Dansaert, T 02 502 09 90, www.bonsoirclara.com, Mo–Do 12–14.30, 19–23.30, Fr 12–14.30, 19–24, Sa 19–24, So 19–23.30 Uhr, Lunch-Menü ca. 16 €, Hauptgerichte ab ca. 22 €, Vegetarisches 14–17 €). Wenn's zwischendurch nur ein Snack sein soll – etwa Krabbenkroketten oder andere Fischhäppchen –, vielleicht begleitet von einem Gläschen Weißwein, ist das **Mer du Nord** ❸ ideal (45, rue Sainte-Catherine, T 02 513 11 92, http://noordzeemerdunord.be, Fishbar: Di–Sa 11–18, So bis 20 Uhr). Zur Mittagszeit herrscht hier allerdings Hochbetrieb.

AB IN DIE BAR

Jazz, Cocktails, Kunst und Livemusik – dafür steht **L'Archiduc** ❶ (6, rue Antoine Dansaert, T 02 512 06 52, www.archiduc.net, tgl. 16–5 Uhr). In der kleinen Pianobar, die noch im Art-déco-Stil der 1930er-Jahre erhalten ist, treten oft freitags bis montags Musiker auf. Samstags: ›Jazz After Shopping‹. Sonntags ›Round About Five‹, jeweils von 17 bis 19 Uhr. In der gemütlichen **Café-Bar Bizon** ❷ (7, rue du Pont de la Carpe, T 02 502 46 99, www.cafebizon.com, Mo–Fr ab 16, Sa/So ab 18 Uhr) bringen der Haus-Cocktail ›Bizon Blood‹ und heiße Rhythmen bei Jamsessions – Blues und Jazz – das Blut zum Wallen.

Muscheln, Fisch und Hummer – **Marché aux Poissons**

7

Ein Paradies für Feinschmecker tut sich am Marché aux Poissons (Vismet) auf, vor allem für die Liebhaber von allem, was das Meer hergibt. Es ist kein Zufall, dass sich die Fischrestaurants an dieser Stelle häufen, denn hier befanden sich einst der Hafen und der Fischmarkt von Brüssel. Auch wenn Sie keinen Fisch mögen – die Atmosphäre ist erlebenswert.

Ein bisschen wie im malerischen Brügge mit seinen Giebelhäusern, Grachten und Hafenbecken muss es am Marché aux Poissons vor langer Zeit einmal ausgesehen haben, wie alte Gemälde und Bilder im Musée de la Ville de Bruxelles an der Grand-Place belegen. Doch davon ist so gut wie

Quai aux Briques: Einst dümpelten hier Schiffe, schwer beladen mit Backsteinen, heute tanzen die Lichter der Restaurants im Hafenbecken.

Einen Tisch ergattert? Glück gehabt. Denn mittags geht's bei Mer du Nord rund.

nichts geblieben. Einige wenige noch aus dem 16. und 17. Jh. stammende Giebelhäuschen findet man zwar noch an der **Place Ste-Catherine,** doch ansonsten hat sich fast alles verändert. Wenig deutet noch darauf hin, dass hier einst die Schiffe anlegten, die Kohlen, Holz, Fisch, Getreide und Gemüse anlieferten oder Passagiere über die Senne an die See brachten. Denn hier, im Bereich der damals ersten Stadtmauer und der jetzigen Kirche **Ste-Catherine** 1, befand sich einst das Hafenbecken des Innenstadthafens.

Ü
ÜBRIGENS

Regelrecht einverleibt hat sich das Novotel Brussels Centre Tour Noire einen Teil der ersten Stadtmauer: die **Tour Noire** 3, den Schwarzen Turm, schwarz vom Schmutz der Jahrhunderte. In den mittelalterlichen Gemäuern tragen sich mysteriöse Dinge zu, wie Nero, die Comicfigur von Marc Sleen im Band »La Tour Noire« herausfindet: Dort trachtet ihm eine geheimnisvolle Gestalt nach dem Leben, dort lebt der jahrhundertealte König Balderic ...

Stilmix des verschrobenen Architekten

Die Hafenbecken wurden zugeschüttet oder überdeckt, der große Hafenkran am Katelijndok abgebaut. Die Stadtväter hatten es satt, dass die Senne die Gegend ständig überschwemmte, und sie hatten die Nase voll vom Gestank der Abwässer aus Gerbereien und Wäschereien. Es kam hinzu, dass ein größerer Handelshafen an der Verbindung des Canal Charleroi-Bruxelles mit dem Canal de Willebroeck entstanden war.

Sogar die alte, baufällige Katharinenkirche wurde abgerissen. Einzig ihr 1620 erbauter Turm, die **Tour de la Vierge-Noire** 2, fiel nicht der Spitzhacke zum Opfer. Doch auf Wunsch von König Leopold II. musste neben dem Turm erneut eine Kirche errichtet werden, und zwar am Ort des zugeschütteten Katelijnedok. Diese neue Kirche Ste-Catherine setzte der junge Architekt Joseph Poelaert, der Baumeister des monströsen Justizpalastes, aus Elementen von Romanik, Gotik und Renaissance ziemlich willkürlich zusammen. Wegen seines Hangs zum Gigantischen und zur Vermischung von Baustilen verpassten die Brüsseler Poelaert den Beinamen ›skieven Architek‹ (verschrobener Architekt).

Budenzauber und riesige Schlittschuhbahn – von Ende November bis Anfang Januar steht der Marché aux Poissons ganz im Zeichen von Weihnachten.

Ein Wunder – Stein schwimmt

In der **Rue de la Vierge Noire** 4, einen Häuserblock südöstlich der Kirche Ste-Catherine, befand sich einst eine Nische mit einer seit dem 11. Jh. von vielen Gläubigen verehrten schwarzen Madonna mit Jesuskind. 1744 rissen Vandalen sie von ihrem Sockel und warfen sie in die Senne. Man glaubte die Madonna für immer verloren. Indes: Wenige Tage später trieb die Muttergottes, von einem Stück Torf getragen, auf dem Wasser. Ein Wunder! Schließlich bestand die Madonna ja aus Stein. 2015 wurde die Figur in der Kirche Ste-Catherine aufgestellt.

FISCH AM QUAI AUX BRIQUES

Zur Riege der Alt-Brüsseler Brasserien gehört **Bij den Boer** 1 (Nr. 60; T 02 512 61 22, www.bijdenboer.com, Mo–Sa 12–14.30, 18–22.30 Uhr), rustikal eingerichtet, mit bodenständiger Küche (3-Gänge-Lunch 24,50 €). Zu **Jacques** 2 (Nr. 44; T 02 512 20 27, www.restaurantjacques.be, Di–Sa 12–15, 18–22.30, Juni–Sept. auch So 12–16 Uhr) gehen die Brüsseler besonders gern. In schlichtem Ambiente werden klassische Fischgerichte, Muscheln, Austern und Scampi geboten. Das nette **Bistro Le Vistro** 3 (Nr. 16; T 02 512 41 81, www.levistro.be, Mi–So 12–14, 19-22.30 Uhr) hat viele Muschelspezialitäten im Angebot sowie ein enormes *Plateau de fruits de mer,* ein mehrstöckiges Gebilde voller Austern, Muscheln, Seeschnecken und anderem Seegetier (Fischgerichte 17–26 €). **Rugbyman Two** 4 (Nr. 12; T 02 512 37 60, http://rugbymantwo.com, tgl. 12–15, 18–22.30 Uhr) ist als ›Hummerspezialist‹ berühmt und serviert die Schalentiere u. a. ›à la amoricaine‹ (mit Cognac flambiert), ›au Whisky‹ oder ›au Champagne‹ sowie Fisch und Meeresfrüchte in klassischer Zubereitung (Lunch-Menü 16 €, Menü ab 24 €). **François** 5 (Nr. 2; T 02 511 60 89, www.restaurant-francois.be, tgl. 12–15, 18.30–22.30 Uhr) serviert Fisch und Hummer auf höchstem Niveau. **Mer du Nord** 6: ► S. 42

Cityplan: D/E 2/3 | **Métro** Ste-Catherine

Kein Zweifel: Hier kommt Fisch auf den Tisch.

Was Straßennamen verraten

Etliche Namen der Straßen am **Marché aux Poissons** 5 und rundherum zeugen vom alten Hafen und lassen noch heute erkennen, welche Hafenquais sich wo befanden. Am **Quai aux Briques** 6 wurden Backsteinziegel, am **Quai au Bois à Brûler** 7 Brennholz verladen. Heute deuten hier wieder lang gestreckte Wasserbecken mit lurchköpfigen, Wasser speienden Fabelwesen das alte Hafenbecken an. Und das **Roue de Ste-Catherine** 8, das Katharinenrad, erinnert an eine Klappbrücke, die für durchfahrende Schiffe geöffnet werden konnte.

Am **Quai à la Houille** 9 wurde Kohle, am **Quai à la Chaux** 10 Kalk umgeschlagen und am **Quai aux Pierres de Taille** 11 Quaderstein. Am **Quai au Foin** 12 trafen die Heulieferungen ein, dort wurden die Schlepp-Pferde versorgt, die die Boote in den Hafen treidelten.

C CHANSON

... Dort auf dem Pflaster / des Place Sainte-Catherine / tanzten die Männer / mit Frau'n in Spitzen. / Dort auf dem Pflaster / Tanzt der Autobus, / Mit Frau'n und Männern / Mit ihren Zylindern ...
(aus: »Bruxelles« von Jacques Brel)

Wahlabend an der Place Ste-Catherine

Am frühen Abend ist es rund um die Place Ste-Catherine ausgesprochen stimmungsvoll, nicht ohne Grund hat Jacques Brel den Platz in seinem Lied »Bruxelles« besungen. Ein Fischrestaurant reiht sich ans andere, vom einfachen Familienbetrieb bis zum Nobellokal mit Hummer und Austern. Die Lichter gehen an, Unternehmungslustige schlendern an den Schaufenstern entlang und versuchen, das richtige Lokal zu finden – keine leichte Wahl.

→ UM DIE ECKE

Östlich des Hafens lag einst der Beginenhof, an den nur noch ein stilles Straßenkarree erinnert. Aber die Kirche der frommen Frauen ist noch erhalten. Die reich geschmückte Fassade der barocken Beginenkirche **St-Jean-Baptiste au Béguinage** 13 (Place du Béguinage, Di–Sa 10–17, So 10–20 Uhr), ab 1657 erbaut, ist eher charmant als imposant. Kostbar wie die Fassade ist auch die Ausstattung. Die hervorragend geschnitzte Kanzel zeigt u. a. die Übergabe des Rosenkranzes an den hl. Dominikus durch die Muttergottes. Entzückend sind die Details: ein Felsen, über den allerlei Tierlein krabbeln, oder der als Wolke gearbeitete Schalldeckel, auf dem sich Putten tummeln.

Kunst und Klänge über der Stadt – **Mont des Arts**

#8

Der ›Kunstberg‹ trägt seinen Namen zu Recht: Hochrangige Museen sind hier versammelt. Und am steilen Uferhang der Senne, der die Unterstadt von der Oberstadt trennt, liegen sogar noch Überbleibsel des Palastes von Karl V. Lassen Sie sich beim Besuch der Museen von Ihren Interessen leiten – den schönsten Blick über die Brüsseler Innenstadt bekommen Sie gratis dazu.

Der Aufstieg zum Kunstberg beginnt an der **Place d'Albertine** beim Reiterstandbild König Alberts I. Seine Gattin Elisabeth steht bescheiden auf der anderen Seite des Boulevard de L'Empereur. Im **Jardin du Mont des Arts** (Kunstberggarten) bewahrt die **Bibliothèque Royale Albert I.** 1

Manche von René Magrittes Motiven sind aus den Bildern herausgetreten, führen eine Art Eigenleben – z. B. beim Iris-Fest im Warandepark, der gleich neben dem Kunstberg liegt.

St-Jacques-sur-Coudenberg mit dem Denkmal für den Kreuzritter Gottfried von Bouillon

u. a. Belegexemplare aller im Land publizierten Bücher sowie kostbare Handschriften. Jenseits der Treppenanlage schimmert der Glaskubus des 2009 eröffneten **Square-Brussels Meeting Centre** 2.

Weiße klassizistische Fassaden prägen die **Place Royale.** Selbst die dem hl. Jakobus von Compostela geweihte Kirche **St-Jacques-sur-Coudenberg** 3 mit ihren korinthischen Säulen übt Zurückhaltung. Wenn Sie sich jetzt umdrehen, entfaltet sich das ganze Panorama der Stadt vor Ihren Augen. Und in welches Museum soll's gehen? Wo wartet Spannendes? Die zweite Frage lässt sich leicht beantworten: überall!

INFOS/ÖFFNUNGSZEITEN

Musée BELvue und Coudenberg 4: 7, pl. des Palais, www.belvue.be, Di–Fr 9.30–17, Sa/So sowie Juli, Aug. 10–18 Uhr, Belvue 7 €, erm. 5/6 €, Coudenberg 7 €, erm. 5/6 €, Belvue + Coudenberg 12 €, erm. 8–10 €, bis 18 J. und jeden Mi ab 14 Uhr frei

Musée des Instruments de Musique (MIM) 5: 2, montagne de la Cour, www.mim.be, Di–Fr 9.30–17, Sa/So, Fei 10–17 Uhr, Tickets bis 45 Min. vor Schluss, 10/4–8 €

Musée Magritte Museum 6 **/ Musées Royaux des Beaux-Arts de Belgique** 7: www.musee-magritte-museum.be, www.fine-arts-museum.be, Di–Fr 10–17, Sa/So 11–18 Uhr, Eintritt: jedes Museum einzeln jeweils 10/3–8 €; jeden ersten Mi im Monat ab 13 Uhr Eintritt frei

Palais Royal 8: 16, rue Brederode, www.monarchie.be, geöffnet in den Sommerferien Ende Juli–Anf. Sept. Di–So 10.30–15.45 Uhr (letzter Einlass), Eintritt frei

KULINARISCHES FÜR ZWISCHENDURCH

Restaurant du MIM 1: 2, rue Montagne de la Cour, T 02 502 95 08, www.mim.be, Di–Fr 9.30–17, Sa/So, Fei 10–17 Uhr. Restaurant im Obergeschoss des Museums für Musikinstrumente, Brasserieküche, tolle Aussicht.

Museum Arts Brasserie und Museum Café der Museés Royaux des Beaux-Arts 2: In der Museum Arts Brasserie im Kunstmuseum bekommen Sie belgische Klassiker in durchaus ambitionierter Ausführung.

Cityplan: F/G 4/5 | **Métro** Gare Centrale, Parc

Eine Zeit- und eine Klangreise

Im **Musée BELvue und Coudenberg** 4 lebt die Geschichte Belgiens anhand von einzigartigen Dokumenten, alten Filmen und Fotos wieder auf. Unter dem Gebäude können Sie die Reste des **Palastes von Karl V.** besichtigen, der einst hier auf dem Coudenberg stand und 1731 einem Brand zum Opfer fiel.

Ein kleiner Zeitsprung, und Sie finden sich in einer anderen Epoche wieder – architektonisch zumindest, denn das **Musée des Instruments de Musique (MIM)** 5 logiert im **Old England,** einem faszinierenden Jugendstilgebäude, einst Lagerhaus der Old England Company. Es präsentiert eine exzellente Sammlung von Musikinstrumenten aus aller Welt. Darunter sind fantasievoll gebogene Saxhörner und Saxophone aus der Werkstatt von Adolphe Sax, dem Erfinder des Saxophons, der aus dem belgischen Dinant stammte. Interessant auch die Glasharmonika von Benjamin Franklin, dem großen amerikanischen Staatsmann und Erfinder, dem u. a. der Blitzableiter zu verdanken ist.

Im MIM gibt's was auf die Ohren: Audioguides bringen die wichtigsten Instrumente im Vorbeigehen zum Klingen.

Alles irgendwie surreal

Das **Musée Magritte Museum** 6 wurde in einem großen klassizistischen Palais aus dem 18. Jh. eingerichtet und vereint etwa 200 Gemälde des Meisters, dazu unzählige Zeichnungen, Schriften und Briefe, die einen Blick in das Leben des Künstlers erlauben. Der Kunstgenuss setzt schon bei der Aufwärtsfahrt mit dem Lift ein: Es geht an »L'Evidence éternelle« vorbei, einem weiblichen Akt aus fünf Gemälden Magrittes. In der obersten Etage ist das Frühwerk zu sehen. Hier erfahren Sie, nach welchen künstlerischen Prinzipien René Magritte arbeitete. Die zweite Etage zeigt den Maler als Werbegrafiker und stellt ihn in Zusammenhang mit seinen Künstlerkollegen. Seine berühmtesten Gemälde schuf Magritte ab 1950 – zu sehen sind sie auf der untersten Ausstellungsebene.

Ü ÜBRIGENS

Wo und wie Magritte lebte, können Sie in seiner kleinen Wohnung im Brüsseler Vorort Jette erfahren, heute das ›andere‹ **René-Magritte-Museum.** Die Hälfte seiner Gemälde entstand dort im Esszimmer (135, rue Esseghem, www.magrittemuseum.be, Mi– So 10–18 Uhr, 8/6 €).

Im Schatzhaus der Künste

Das Musée Magritte Museum ist Teil der **Museés Royaux des Beaux-Arts de Belgique** 7 (Königliche Museen für Schöne Künste), zu denen auch das Musée Oldmasters, das Musée Modern und das

Kunst über den Wolken: Mit diesem Themenflugzeug von Brussels Airlines sind Motive aus Magrittes Werk sogar in noch größerer Höhe als auf dem Mont des Arts zu sehen. Realisiert wurde das Projekt 2016 in Zusammenarbeit mit der Magritte-Stiftung.

Musée Fin-de-Siècle gehören. Ihre hochrangigen Kunstsammlungen, untergebracht in einem neoklassizistischen Palast an der Rue de la Régence, umfassen rund 20 000 Werke alter (15.–18. Jh.) und moderner Kunst (ab dem 19. Jh.). Startpunkt für sämtliche Rundgänge ist die majestätische Eingangshalle, in der Plastiken u. a. von Auguste Rodin und Jef Lambeaux stehen.

Südniederländische Kunst aus sechs Jahrhunderten können Sie im **Musée Oldmasters** kennenlernen: Van der Weyden, Memling, Pieter Bruegel d. Ä., Rubens, Van Dyck und Frans Hals sind nur ein paar der großen Namen. Einige Werke der Symbolisten James Ensor und Fernand Khnopff nennt das **Musée Fin-de-Siècle** sein Eigen, außerdem Papierarbeiten, Fotografien, Möbel und Architekturentwürfe aus den Jahren 1880 bis 1914. Vom Bestand des **Musée Modern** – Kunst der Moderne und zeitgenössische Kunst – wird zurzeit nur eine Auswahl gezeigt.

P
PARK

Der an das Palais Royal grenzende **Warandepark** 9, auch **Parc de Bruxelles** oder **Parc Royal**, ist eine grüne Oase mit breiten Alleen, Brunnen und Statuen, die zum Spazierengehen, Joggen und Picknicken einlädt. Im Sommer werden mittags häufig Konzerte veranstaltet. Das Palais de la Nation am Nordende ist Sitz des belgischen Parlaments.

UM DIE ECKE

Das **Palais Royal** 8, der königliche Palast, ist im Sommer mehrere Wochen lang der Öffentlichkeit kostenlos zugänglich. Zu den Highlights zählen die Große Galerie mit Möbeln aus dem 19. Jh., der Goya-Salon mit Wandteppichen nach Entwürfen des spanischen Malers und Jan Fabres Skarabäenpanzer an der Decke des Spiegelsaals.

Von allem nur das Beste – **Grand Sablon und Petit Sablon**

#9

In den Sand gesetzt wurde der Grand Sablon – und avancierte dennoch zu einem der Lieblingsplätze der Brüsseler. Einer der Gründe dafür: die überaus elegante Häuserszenerie. Denn stets bauten hier die wohlhabenden Bürger und Adligen. So kommt's, dass Sie in diesem Viertel die schönsten Formen aus Renaissance, Barock und Klassizismus entdecken können.

Greifen Sie zu, denn im Quartier des Sablons ist fast alles von hoher Qualität. Hier sind Sie in einem der Brüsseler Nobelviertel unterwegs mit entsprechend anspruchsvoller Klientel.

Ursprünglich war die Gegend nur sandiges Ödland vor den Toren der Stadt, auf dem die Armen begraben wurden und die Armbrustschützengilde das Schießen übte. Doch dann entdeckte Belgiens Adel den Platz und – man wollte dem Königlichen Palast natürlich gerne nahe sein –

KULINARISCHES FÜR ZWISCHENDURCH

Die **Epicerie fine Claire Fontaine** ❶ ist für ihre sehr guten Sandwiches, Quiches und Desserts bekannt, außerdem bekommt man hier Kräuter, Öle, Gewürze, Senf, Würste und andere Leckereien (3, rue E. Allard, Di–Sa 11–19 Uhr). Im netten, kleinen Art-nouveau-Café **La Kartchma** ❷ (17, pl. du Grand Sablon, ab 10 Uhr geöffnet) mit Terrasse können Sie bei einer Quiche oder einem Salat das bunte Treiben auf der Straße beobachten.

CHOCOLATIERS

Wittamer 1: 6-12-13, pl. du Grand Sablon, www.wittamer.com
Pierre Marcolini 2: 1, rue des Minimes, https://eu.marcolini.com
Godiva 3: 47, Grand Sablon, www.godivachocolates.eu

ANTIQUITÄTEN, KUNST & MEHR

Marché des Antiquaires du Sablon (Antiquitätenmarkt): www.sablon-antiques-market.com, Sa 9–18, So 9–14 Uhr. Kleinmöbel, Lampen, Geschirr, Gläser, Silberzeug u. v. m. Die Kunsthandlung **Grusenmeyer-Woliner** 4 (17, rue des Minimes, www.grusenmeyer.be): Kunstgewerbe aus Südostasien, China und Indien, Tribal Art, Schmuck und präkolumbianische Kunst. **Baobab Collection** 5 (15, rue des Sablons, www.baobabcollection.com): schöne Duftkerzen, exquisit im Duft. Eine Fundgrube für Hübsches zwischen Trödel, Monstrosität und Antiquität ist die **Galerie des Minimes** 6 (23, rue des Minimes, www.galeriedesminimes.com). Museum und uriger Laden zugleich: **Daniel Traube** 7 sammelt und verkauft ausgefallene, kunstvolle Gehstöcke, z. B. mit Griffen aus Elfenbein, Silber und geschnitztem Holz, und in Formen wie der eines springenden Panthers oder rennenden Windhundes (33, rue de Rollebeek, Di–So 11.30–12.45, Sa/So bis 13, 15–18.30 Uhr).

Cityplan: E/F 5/6 | **Métro** Gare Centrale, **Bus** 34, 48, 95

errichtete stattliche Palais, schmal und hoch, mit spätgotischen Treppengiebeln oder Belle-Époque-Fassaden mit brüllenden Löwen. Noch heute umgeben die schmucken Bauten den Sablon mit einem Hauch von Aristokratie. Ein schöner Rahmen für noble Läden, gemütliche Cafés und schicke Restaurants, in denen gern dem Spiel des Sehens und Gesehenwerdens gefrönt wird.

Am Wochenende bummelt man über den großen Antiquitätenmarkt, verweilt hier und dort. Man kennt sich und so kommt es vor, dass ein

Hier wird das Alte geschätzt – von den Verkäufern, die ihren Gewinn daraus ziehen, von den Käufern, die auf dem Markt oft ihrer Sammelleidenschaft frönen.

Antiquitätenhändler etwas hervorkramt, das er für einen Stammkunden zur Seite gelegt hat. Mit einem normalen Flohmarkt hat das Angebot nichts zu tun. Vielmehr werden hier Tiffanylampen, Silberbesteck und altes Porzellan feilgeboten, ebenso wie Biedermeierkommoden, Art-déco-Sessel und feine Tischwäsche.

Diebesgut sorgt für Pilgerströme

Das kostbarste Kunstwerk auf dem Platz ist unübersehbar die Kirche **Notre-Dame du Sablon** 1. 1304 errichtete die Gilde der Armbrustschützen auf dem sandigen Hügel eine Kapelle. Knapp ein halbes Jahrhundert darauf trug sich hier, so die Legende, Erstaunliches zu, als nämlich die fromme Spinnerin Béatrice Soetkens eine als wundertätig verehrte Marienstatue in der Kapelle aufstellte. Sie hatte diese, einer Eingebung der Jungfrau Maria folgend, in Antwerpen gestohlen und, selbst und alleine rudernd, in einem Boot über die Schelde und die Senne zur Kapelle nach Brüssel geschafft. Daraufhin setzten wahre Pilgerströme ein. Die Legende ist der Ursprung des berühmten Ommegangs, der jedes Jahr im Sommer die alte Folklore wieder aufleben lässt. Im frühen 15. Jh. ließ die Gilde am Ort der Kapelle die heutige Kirche errichten, ein Meister-

Ü
ÜBRIGENS

Die **Erfinder der Post,** die Familie Thurn und Taxis, haben in **Notre-Dame du Sablon** eine marmorne Grabkapelle. Die hochadelige Familie hatte 1490 im Auftrag Kaiser Maximilians I. den ersten regelmäßigen, hoch effektiven Postdienst Europas aufgebaut. Nun brauchten Briefe von Brüssel nach Innsbruck, seiner zweiten Residenz, nur noch fünfeinhalb Tage, im Winter einen Tag mehr. Und im 17. Jh. war die Post bereits in 48 Stunden da – schneller geht es heute meistens auch nicht.

werk gotischer Steinmetzkunst, das knapp 200 Jahre später vollendet wurde.

Leider unwiderstehlich: die Schokotörtchen von Wittamer

Schoko-Träume

Richtung Unterstadt fällt der Platz sanft ab und verengt sich zum Trichter, in dem man fast zwangsläufig nach unten gesaugt wird, dorthin, wo die großen Verführer, die Casanovas der Sinne, ihre eleganten Läden und einladenden Salons de Thé haben: Brüssels Meister-Chocolatiers. Der Qual der Wahl entgehen Sie am besten, indem Sie einen nach dem anderen aufsuchen. Sie könnten z. B. bei **Wittamer** 1 anfangen, dem Hoflieferanten, dann zu **Pierre Marcolini** 2 weiterziehen, der den Gaumen mit exotischen Mischungen betört, und zum Finale noch bei **Godiva** 3 reinschauen.

Illustre Gesellschaft in Stein

Jenseits der Rue de la Régence liegt der **Petit Sablon,** ein kleiner Park mit bunten Blumenbeeten und bequemen Bänken. Der charmante Platz bietet zugleich einen Blick ins Geschichtsbuch der Stadt, er feiert die Helden der belgischen Geschichte und die Grundlagen des Wohlstands.

Im Zentrum der Anlage steht das **Denkmal der Grafen Egmont und Hoorn** 2, die dem Terror der Spanischen Inquisition Einhalt zu gebieten versuchten und 1568 auf der Grand-Place auf Befehl des spanischen Statthalters, des Herzogs von Alba, enthauptet wurden. Unter den zehn Statuen zu ihren Seiten: **Henri de Brederode** (1531–86), ein Mitstreiter der beiden Grafen, **Wilhelm von Oranien-Nassau** (1533–84), der Verfechter der Religionsfreiheit und Anführer des Widerstands gegen die Spanier, **Gerhard Mercator** (1512–95), Schöpfer der ›Mercatorprojektion‹, die es ermöglicht, auf einer Karte die Längen- und Breitengrade so darzustellen, dass sie sich rechtwinklig schneiden, und **Abraham Ortelius** (1527–98), der Verfasser des ersten Weltatlas seiner Epoche.

Das kunstvoll geschmiedete Gitter um die Anlage verbindet 48 unterschiedlich gestaltete Sandsteinsäulen, auf denen Bronzefiguren die in Brüssel beheimateten Handwerkerzünfte verkörpern: Hutmacher, Gerber, Schmiede, Weber und Armbrustmacher, Vergolder, Bierbrauer und Strumpfwirker. Den kleinen grünen Park nutzt so mancher Besucher für eine Pause zwischendurch.

Ü
ÜBRIGENS

Highlight des Jahres sind die **Nocturnes du Sablon** – die langen Nächte des Sablon, mit denen Ende November die Weihnachtszeit eingeläutet wird. Das ganze Viertel ist dann festlich illuminiert, Händler und Galeristen heißen Besucher bis in die Nacht willkommen und zeigen ihnen ihre kostbarsten Stücke, Häppchen und Getränke werden gereicht, Gourmetköche verwöhnen die Gaumen (www.sablon.org, meistens Do–So).

Das alte Volksviertel – **die Marollen**

10

Wenn Sie einen Hauch des archaischen, des originären Brüssels spüren möchten, ist das vielleicht noch am ehesten im alten Volks- und Arbeiterviertel Marollen möglich. Herz des Viertels ist die Place du Jeu de Balle mit dem täglichen Floh- und Trödelmarkt – hier wird leidenschaftlich gestöbert und gefeilscht.

Wie ein Leuchtturm im Häusermeer weist der monströse Kuppelbau des 104 m hohen **Palais de Justice** 1 (Justizpalast) am Ende der Rue de la Régence den Weg zu den Marollen. Den gewaltigen eklektizistischen Bau – eine hemmungslose Symbiose aus griechischen, ägyptischen und römischen Stilelementen – hat der Architekt Joseph Poelaert im Auftrag von König Leopold II. auf den Galgenberg gepflanzt. Ein Blick in das Innere mit

Seit mehr als 140 Jahren wechselt auf der Place du Jeu de Balle Tag für Tag – selbst an Weihnachten, Silvester und Neujahr – Nützliches und Unnützes die Besitzer.

Dem Laden um die Ecke fehlten Schaufenster – hier die Lösung des Problems.

den vielen Skulpturen und Säulen und der marmorgefliesten Wandelhalle, der Salle des Pas Perdus, lohnt allemal.

Am **Monument à la Gloire de l'Infanterie Belge** 2 vorbei geht es zum gläsernen **Lift** 3 (Ascenseur des Marolles), der hinab in die Unterstadt mit dem Quartier des Marolles rattert.

Ein eigenes Völkchen – wie lange noch?

Woher der Name Marollen kommt? Vom Maricollen-Orden, deren Schwestern hier unten ab dem 17. Jh. ein jetzt nicht mehr existierendes Kloster hatten und sich um die Armen und die leichten Mädchen kümmerten. Tatsächlich hausten in dieser damals verrufenen Gegend die Tagelöhner und Kleinkrämer, Bettler, Trunkenbolde und Prostituierten. Und immer waren die Marollen ein Anziehungspunkt für Zuwanderer, darunter polnische Juden, Spanier, Italiener, Portugiesen, Osteuropäer, Asiaten und Maghrebiner.

Schon lange gelten die Marolliens, die Bewohner der Marollen, als ein eigenes Völkchen, mit eigener Mentalität, unverhohlener Abneigung gegen die Obrigkeit, derbem Witz und eigenem Dialekt, dem Bruxellois-Marollien. Das ist eine Melange aus Französisch, Flämisch, Jiddisch und Spanisch, die heute allerdings immer weniger Bewohner des Viertels sprechen. Denn das Viertel ist im Wandel. Das Image des ›schäbigen‹ Arbei-

▶ LESESTOFF

Brussels – A cultural and literary history
Sie möchten noch mehr über Brüssel lesen? Über Leute, Straßen und Plätze? Kulturelles und Literarisches? Dann gehen Sie mit André de Vries zwischen zwei Buchdeckeln auf eine kurzweilige und packende Entdeckungsreise. Aus der Buchreihe Cities of the Imagination (2003, Interlink Books).

ÖFFNUNGSZEITEN

Fast alle Geschäfte sind sonntags geöffnet, dafür montags oder manchmal an einem anderen Wochentag geschlossen. Vor 11 Uhr macht kaum ein Laden auf.

ANTIQUITÄTEN, TRÖDEL & MEHR

Auf der Rue Haute und der Rue Blaes, den beiden Lebensadern des Viertels, finden Sie viele Antikläden, z. B. **Stef Antiek** 1 (63, rue Blaes, ► S. 102) und **Les Mémoires de Jacqmotte** 2 (92, rue Blaes), einen großen Laden mit verschiedenen Kojen, die im Monatsrhythmus an Händler vermietet werden, weshalb das Angebot hier häufiger wechselt. Im **125 Blaes** 3 (125, rue Blaes) haben sich 25 Antiquitätenhändler und Edeltrödler unter einem Dach auf vier Etagen zusammengeschlossen. Das **Bali-Africa** 4 (154, rue Blaes, ► S. 102) ist ein uriger Laden voller afrikanischer Masken. **Les Savons de Lyna** 5 (101, rue Haute): Für Face, Body & Hair – exquisite Seifen & Öle wie etwa die Donkey Milk Soap. **Haute Antiques** 6 (207, rue Haute), das sind drei Etagen voller alter und antiker Möbel, Bilder, Lampen und Krimskrams, ausgestellt und angeboten von zwei Dutzend Händlern. Vintage-Moden, Accessories, Schuhe und mehr – und (fast) alles per Kilo! Im cool dekorierten **Melting Pot Kilo** 7 (154, rue Haute) finden Sie etliche Waagen, mit denen Sie abwiegen können, was Sie kaufen möchten. Nur Cash!

KULINARISCHES FÜR ZWISCHENDURCH

Le Chaff 1 (21, pl. du Jeu de Balle, T 02 502 58 48, tgl. ab 8.30 Uhr). Genießen Sie von der Terrasse vor dem Restaurant die Aussicht auf den Flohmarkt und seine Besucher. Montagabends gibt es Livemusik, donnerstags trifft man sich ab 20 Uhr zu Brettspielen aller Art.

Als noch nicht alle Haushalte an die Gasleitung angeschlossen waren, verkaufte der Wirt der Kneipe **L'Eau Chaude** 2 (25, rue des Renards, T 02 513 91 59, www.leauchaude.be, Di–So 10–16 Uhr) den Hausfrauen warmes Wasser zum Kochen und Waschen. Heute ist man hier vom Frühstück bis zum Nachmittagstrunk gut aufgehoben. Leckere vegetarische und vegane Gerichte.

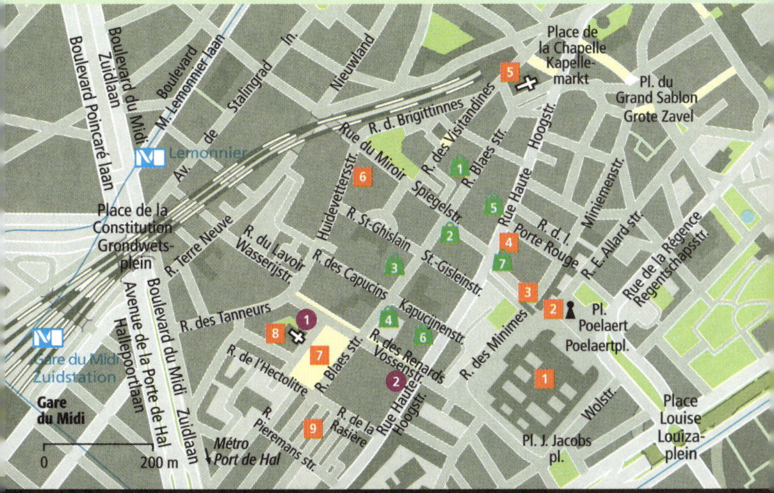

Cityplan: D/E 5/6 | Métro Porte de Hal

terviertels soll sich verändern, man sähe es gern, wenn sich hier eine Atmosphäre wie im Sablon entwickeln würde. Und in der Tat, die ›Sablonisation‹ schreitet voran. Spekulanten kaufen und restaurieren Häuser, gut Betuchte ziehen dort ein, gestylte Shops werden eröffnet. Die Marollen werden zunehmend populärer, bunter und lebenslustiger.

Ein Streifzug durch die schmalen Sträßchen führt am Haus des berühmten Malers Pieter Bruegel d. Ä. vorbei. Er wohnte einige Jahre in dem roten **Backsteinhaus Rue Haute 132** 4. Einige seiner berühmtesten Gemälde wie »Der Turmbau zu Babel«, »Das Schlaraffenland« und die »Bauernhochzeit« sollen hier entstanden sein. Er starb 1569 und wurde in der **Église Notre-Dame de la Chapelle** 5 am Ende der Straße beigesetzt, in der er auch geheiratet hatte.

In den **Ateliers des Tanneurs** 6 (58, rue des Tanneurs), einem ehemaligen Wein-Lagerhaus mit farbigen Wappen der Weinregionen über den Fenstern, kann man heute für kleines Geld eine Mahlzeit einnehmen, im Biomarkt daneben werden Gemüse, Käse und Milchprodukte verkauft.

Der Markt aller Märkte

Höhepunkt in dem Viertel ist die **Place du Jeu de Balle** 7 mit dem Flohmarkt. Hier werden täglich Werkzeug, Geschirr, Bilderrahmen, Madonnenfigürchen, alte Bücher, Platten, Sammelbildchen u. v. m. angeboten. Köstlich für zwischendurch sind die *carricoles,* gesottene Meeresschnecken, die man an Ständen bekommt. Die Cafés, die den Platz säumen und sich für einen Imbiss anbieten, sind eher einfach und stets voller Leben. In der **Église Notre-Dame Immaculée** 8 (Zur unbefleckten Empfängnis) werden Messen in verschiedenen afrikanischen Sprachen gefeiert.

Anfang des 20. Jh. wurde die **Cité Hellemans** 9 erbaut, ein durch Höfe, Gassen und Torbögen gegliedertes Ensemble von sieben Wohnblocks mit einem Hauch von Art nouveau. Balkone und Loggien, unterschiedliche Fensterformen und die in verschiedenfarbigem Backstein gelegten Muster lassen die Gebäude aus der ansonsten grau-weißen Umgebung vorteilhaft herausstechen.

Ü
ÜBRIGENS

Namenswirrwarr
Wie alle Straßen und Plätze in Brüssel hat auch der Platz mit dem bekanntesten Flohmarkt der Stadt einen französischen und einen flämischen Namen, doch beide bezeichnen etwas völlig anderes. Vossenplein, der flämische Name (Fuchsplatz), geht auf die alte Eisenfabrik Usine de Renard von 1839 (*renard* = frz. Fuchs) zurück, die hier einst stand und den Menschen Arbeit gab. Nach deren Abriss richtete man hier einen Platz mit einer Pelota-Bahn ein, einem Spiel der Basken. Daher der französische Name Place du Jeu de Balle, der auf Flämisch eigentlich Kaatsspeelplaats heißen müsste. Hieß er auch eine Weile, bis man letztendlich offiziell den Namen Vossenplein beibehielt.

Häuser mit Schwung – **Jugendstil in Ixelles und Saint-Gilles**

11

Wer möchte hier nicht wohnen? Ixelles und Saint-Gilles sind der Traum aller Großstädter: zentrumsnah und urban, dennoch ruhig und grün, mit versteckten Gärten, ausgefallenen Läden, gemütlichen Kneipen, angesagten Restaurants – und mit Jugendstilbauten, einer schöner als der andere.

Um die Wende zum 20. Jh. stiegen die ländlichen Vororte im Süden der Stadt zu eleganten Quartieren auf. Wer es sich leisten konnte, flüchtete aus der lärmenden Innenstadt hierher. Innerhalb weniger Jahrzehnte entstanden ganze Straßenzüge mit Häusern von Anwälten, Industriellen und Künstlern – ein Tummelfeld für junge Architekten.

Zwar kein Jugendstil, aber durchaus stilvoll: die Brasserie de la Renaissance im Stadtteil Saint-Gilles

Mithilfe neuer Baumaterialien wollten sie neue Formen, ja, ein neues Lebensgefühl schaffen.

Bis ins Detail durchkomponiert

Wäre das **Hôtel Solvay** 1 tatsächlich ein Hotel, könnte es sich vor Übernachtungsanfragen sicher nicht retten. Doch es ist ein Luxuswohnhaus, 1894 bis 1898 von Victor Horta für die Industriemagnaten-Familie Solvay erbaut und noch heute in Privatbesitz. Es gilt als eines der schönsten Jugendstilhäuser weltweit und zählt zum UNESCO-Welterbe! Die breit angelegte Fassade, die durch zwei große, mit schmiedeeisernen Gittern und

INFOS/ÖFFNUNGSZEITEN

Hôtel Solvay 1: 224, av. Louise, Besichtigung nur für Gruppen auf Anfrage, www.hotelsolvay.be

Musée Horta 2: 25, rue Américaine, www.hortamuseum.be, Di–So 14–17.30 Uhr, Einlass bis 17 Uhr, 10/3–6 €

KULINARISCHES FÜR ZWISCHENDURCH

Le Framboisier Doré ❶ (35, rue du Bailli, tgl. ab 13 Uhr) ist ein gemütliches Café mit Gärtchen, im Sommer Eisdiele, im Winter Crêperie; 200 wechselnde Eissorten, u. a. Eis aus Bier oder Champagner. Eine andere süße Ecke ist **Lilicup** ❷ (65, rue du Page, www.lilicup.com, Di–Sa 10–18.30 Uhr): Cupcakes in vielen Variationen – mit Schokolade, Blümchen, Streuseln oder Mandeln. Ungewöhnlich ist das Ambiente von **La Quincaillerie** ❸ (► S. 92). In der **Brasserie de la Renaissance** ❹ (39, av. Paul Dejaer, tgl. 10–24 Uhr) sind die portugiesischen Spezialitäten am leckersten.

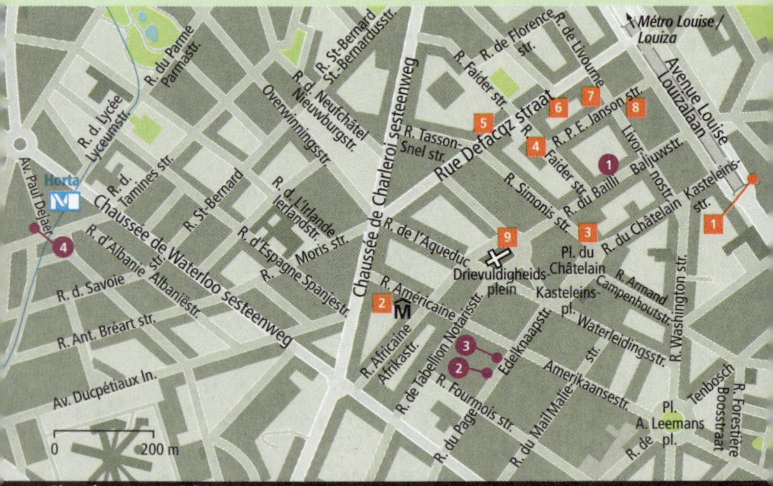

Cityplan: Karte 3 | **Métro** Louise

Auch wenn ›Work-Life-Balance‹ seinerzeit noch kein Schlagwort war, strebte Jugendstil-Papst Victor Horta bei der Planung seines Doppelhauses vermutlich etwas Ähnliches an: Wohnen und Arbeiten waren klar getrennt – hier ein Blick ins Wohnzimmer.

riesigen Fenstern versehene Erker strukturiert wird, verleiht dem Haus Würde, ihr kühner Schwung Eleganz.

Gebaut, um zu gefallen

In den Straßen nördlich der **Place du Châtelain** stehen etliche großartige Beispiele für Jugendstilarchitektur. Sie verbindet naturnahe, florale Formen mit der höchst avancierten Eisen-Glas-Bauweise, bei der die Konstruktionselemente nicht mehr in den Wänden verborgen wurden, sondern als Dekorationselemente offen zutage treten und sich in Rankenwerk aufzulösen schienen. Das Spiel mit Symmetrie und Asymmetrie, die Verwendung großer Fenster in ungewöhnlichen Formen, der eigenwillige, symbolisch aufgeladene Fassadenschmuck – all diese Elemente lassen die Häuser reizvoll und modern erscheinen.

Victor Hortas Meisterstücke

Auch der unbestrittene Meister des Jugendstils, Victor Horta, ließ sich in Saint-Gilles nieder. Das **Horta-Haus** (1898–1901), das ihm als Wohnung und Atelier diente, ist als **Musée Horta** 2 eingerichtet und bietet Gelegenheit, die Prinzipien der Art nouveau, der ›Neuen Kunst‹, beispielhaft zu studieren: Durch eine gläserne Kuppel flutet das Licht ungehindert durch die ineinander übergehenden Räume. Das Treppenhaus nimmt einen beträchtlichen Teil des Gebäudes ein und lässt Licht und Luft ins ganze Haus. Eisen, Marmor und weiß glasierte Ziegel schaffen eine kühle Atmosphäre, die durch den warmen Ton der Hölzer und das durch getöntes Glas gefilterte Licht wieder

F FESTIVAL

Während des **Brussels Art Nouveau & Art Deco Festival** (BANAD Festival) können Sie zahlreiche Jugendstilhäuser von innen anschauen, die sonst öffentlich nicht zugänglich sind. Termine und weitere Informationen: https://explore.brussels und https://banad.brussels.

aufgehoben wird und das Haus in eine gleichsam schwebende Stimmung versetzen.

Architekt Paul Hankar bei der Arbeit (Werk des Art-nouveau-Künstlers Adophe Crespin, 1897)

Architekt mit Liebe zum Scraffito

Ein weiterer bedeutender Architekt war Paul Hankar (1859–1901). Wie sein Freund Victor Horta benutzte er frühzeitig Eisen als sichtbares Konstruktionselement, löste die tragenden Elemente des Baus aber nicht in Dekoration auf, sondern wies dem Ornament einen klar definierten Platz zu. Er baute 1891 in der **Rue Simonis 64** 3 für den Bildhauer Alfred Crickx ein schlichtes Haus mit extrem hohen, schmalen Fenstern. Auch die beiden Häuser, die in der **Rue Faider** 4 direkt nebeneinander stehen, weisen Jugendstilelemente auf: das Haus Nr. 83 mit dem eleganten Rankenwerk und das strengere Nachbarhaus, beide aus dem Jahr 1900.

Hankars von ihm selbst erbautes Wohn- und Atelierhaus, die **Maison Hankar** 5, steht in der Rue Defacqz 71. Vier Tiere in halbrunden Medaillons symbolisieren die Tageszeiten: Hahn (Morgen), Taube (Tag), Schwalbe (Abend) und Fledermaus (Nacht). Er schuf auch die **Hôtels Ciamberlani** und **Janssens** 6 (Rue Defacqz 48 und 50), die mit den auffallenden, halbkreisförmigen Fenstern in Proportion und Dekor an die oberitalienische Architektur der Renaissance erinnern.

Reliquie des Jugendstils

Das **Haus von Octave van Rysselberghe** 7 (83, rue de Livourne) stammt aus dem Jahr 1922 und kündigt mit seinen rationalen Formen das Ende des Jugendstils an. Rue Paul-Emile Janson Nr. 6 ist dagegen noch ein Höhepunkt aus der Frühzeit dieser Epoche der Architektur: Das **Hôtel Tassel** 8 von Victor Horta (1893) gilt als ›Manifest‹ der Jugendstilarchitektur. Seine harmonisch-symmetrische Fassade erhält durch verschiedenfarbigen Stein und unterschiedliche Fenstergrößen Leben. 1924 schrieb der Journalist und Kunstkritiker Sander Pierron: »Dieses Werk muss wie eine Reliquie gehütet werden. Der Tag wird kommen, dass man hierher kommt wie auf einer Pilgerreise. Man wird es besuchen, um zu verstehen, was hieraus entstanden ist, um all das Schöne, das Praktische, das es bewahrt, zu entdecken. All das Neue, was Victor Horta durch sein Talent geschaffen hat, hat seinen Ursprung in diesem Werk.«

Ü
ÜBRIGENS

Werfen Sie doch mal einen Blick Richtung **Église de la Sainte-Trinité** 9 auf dem gleichnamigen Parvis. Die Kirche schmückt sich mit fremden Federn bzw. einer barocken Fassade (1620), die nicht für sie entworfen wurde und für den kleinen Platz auch zu riesig und prächtig erscheint. Tatsächlich gehörte sie ursprünglich der Augustinerkirche, die 1893 als ›Verkehrshindernis‹ von ihrem Platz auf der Place Brouckère weichen musste.

Glas, Beton und viel Papier – **das Europaviertel**

\# 12

Milchquoten, Käseproduktion, sogar die Form der Salatgurken – nichts kann EU-Bürger so in Rage bringen wie der Regelungseifer der Europa-Behörden. Da will man sich die ›Tintenburgen‹ der ominösen Sesselrutscher doch einmal selbst ansehen. Viel Glas ist verbaut worden, um den Institutionen des Espace Bruxelles-Europe den Anschein von Transparenz zu geben.

Das Entrée nach Europa bildet die **Place du Luxembourg,** einst das geschäftige Zentrum des gleichnamigen gutbürgerlichen Viertels mit schönen Gärten, das aber zum allergrößten Teil von den Reißzähnen der Abbruchbagger verschlungen wurde. Hier und da ist pro forma eine alte,

Was treiben die Ländervertreter in europäischen Institutionen eigentlich so hinter verschlossenen Türen? Im EU-Besucherzentrum Parlamentarium können Sie dazu mehr erfahren.

Ob es im Glaspalast des Europäischen Parlaments ebenfalls sportlich zugeht?

denkmalgeschützte Fassade erhalten geblieben, beispielsweise die des charmanten alten Bahnhofsgebäudes, das etwas verloren zwischen den beiden Flügeln des gewaltigen **Altiero-Spinelli-Baus** 1 steht. Dieser Erweiterungsbau des Europäischen Parlaments mit dem weitläufigen Forum leitet über zum markanten Glasbau des **Europäischen Parlaments** 2. Spötter nennen dessen Kuppel mit dem Parlamentssaal ›Caprice des dieux‹ (Laune der Götter), weil er dem französischen Weichkäse gleichen Namens in der Form ähnelt. Vor dem Parlamentsgebäude wehen die Fahnen der 28 Mitgliedstaaten, deren 751 Abgeordnete allerdings nur zu Sonder-, Fraktions- und Ausschusssitzungen anreisen – Plenar- und Haushaltstagungen finden in Straßburg statt. Im Besucherzentrum **Parlamentarium** können Sie sich interaktiv auf eine multimediale Entdeckungstour durch die Institutionen begeben.

Die Kult-Fritten der Maison Antoine

Europas berühmteste Pommesbude

Hinter dem Parlamentsgebäude liegt der **Leopoldpark,** ein angenehmer Ort für eine kleine Verschnaufpause. Eingebettet ins Grün ist das sehenswerte **Museum der Naturwissenschaften** 3 (Institut royal des Sciences naturelles), in dem u. a. eine Dinosauriergalerie in Staunen versetzt. Noch berühmter ist allerdings die **Maison Antoine** 1 auf der Place Jourdain: In der Imbissbude soll es die besten Fritten der Stadt geben.

Gut gestärkt könnten Sie das **Antoine Wiertz Museum** 4 aufsuchen. Vorbilder des Künstlers waren Rafaël, Michelangelo und Rubens.

Schaltstellen Europas

Jenseits der Rue Belliard geht es in puncto EU dann richtig zur Sache. Im **Justus-Lipsius-Bau** 5 hat der **Rat der Europäischen Union** seinen Sitz, das eigentliche Steuerungsorgan der Gemeinschaft: Er ist für die Abstimmung der Wirtschaftspolitik verantwortlich und besitzt die entscheidenden rechtsetzenden Befugnisse. In den Rat wird jeweils ein Regierungsmitglied aus den 28 Mitgliedstaaten entsandt, und zwar, je nach Entscheidungsgegenstand, der zuständige Fachminister, bei besonders wichtigen Fragen auch der Regierungschef. Der Rat entscheidet – in einigen Fällen gemeinsam mit dem Parlament – auf Vorschlag der Kommission. Der Vorsitz des Rates wird turnusmäßig von jedem Mitgliedstaat sechs Monate lang ausgeübt.

Ü ÜBRIGENS

Offenbar hatte auch Bundeskanzlerin Angela Merkel von den vorzüglichen Fritten der **Pommesbude Maison Antoine** an der Place Jourdain gehört. Zwischen den Sitzungen anlässlich des EU-Gipfels im Februar 2016 machte sie sich zu Fuß dorthin auf den Weg, um sich höchstpersönlich von der Qualität zu überzeugen. Ihre Wahl: Pommes mit Sauce andalouse (Mayonnaise mit Tomatenpaste und Pfeffer) zu 3,70 €.

INFOS/ÖFFNUNGSZEITEN

Parlamentarium: Mo 13–18, Di–Fr 9–18, Sa/So 10–18 Uhr, letzter Einlass 17.30 Uhr
Museum der Naturwissenschaften 3: Institut royal des Sciences naturelles, 29, rue Vautier, www.naturalsciences.be, Di–Fr 9.30–17, Sa/So und in den Ferien 10–18 Uhr, 6–8,50/3–5,50 €
Antoine Wiertz Museum 4: Di–Fr 10–12, 12.45–17 Uhr, Eintritt frei

KULINARISCHES FÜR ZWISCHENDURCH

Tout Bon 2 (68, rue du Luxembourg, http://toutbon.be) ist ein guter Tipp für ein Frühstück oder einen Salat – auch sonntags. Gerühmt werden die vielen verschiedenen Brotsorten, die hausgemachten Marmeladen und der Honig aus Namur. Im Take-away/Deli-Market **Domenica** 3 (32/B rue de Trèves, Mo–Fr 8–19 Uhr) bekommen Sie Lasagne und Pasta, knackige Salate, Sandwiches und Desserts nach italienischer Art. Im **L'Atelier** 4 (28, rue Franklin, Mo–Fr 12–14.30, 19–22.30 Uhr) mit sehr guter Küche – im Sommer auch auf der Terrasse – ist das Trio-Menü eine gute Wahl.

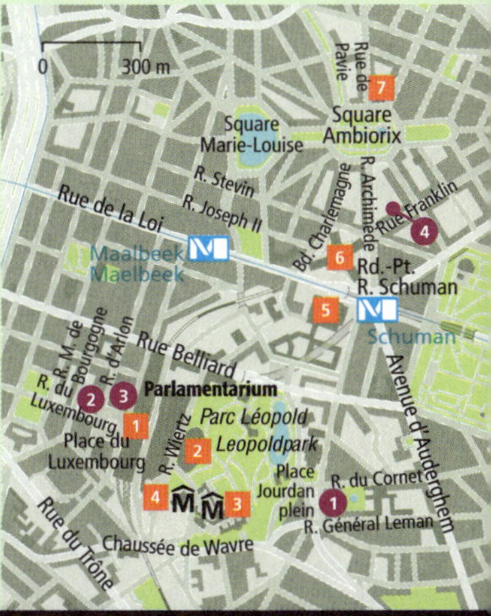

Cityplan: H–K 4–7 | **Métro** Maalbeek

Jahrelang stand das **Palais Berlaymont** 6 luftdicht in dicke Plastikplanen verpackt funktionslos herum. Wegen Asbestbelastung musste es 1992 geräumt werden. Es war 1968 eines der ersten großen Europa-Bauwerke und gab mit seinen gewaltigen Ausmaßen und der öden Fassade den Ton für die nachfolgenden Bauten an. Die Sanierung und Wiederherstellung des Baus entwickelte sich zu einem endlosen Drama der Verzögerungen und Pannen, man sprach bereits vom ›Vietnam der belgischen Bauindustrie‹. Doch 2004 konnte das Gebäude wieder in Betrieb genommen werden. Die neue Fassade besteht aus lichtempfindlichen Lamellen, die sich je nach Lichteinfall öffnen und schließen.

Wandbild am Gebäude der Europäischen Kommission

Das Berlaymont ist Sitz der **Europäischen Kommission;** sie ist die Hüterin der Verträge, wacht über deren korrekte Anwendung. Im gesetzgeberischen Bereich hat sie ein Initiativrecht, kann Gesetzentwürfe vorlegen und ist das Exekutivorgan der Gemeinschaft. Ihre Mitglieder werden von den Regierungen der Mitgliedstaaten entsandt, genießen aber volle persönliche Unabhängigkeit.

UM DIE ECKE

Nördlich des Berlaymont ist noch einiges an alter Bausubstanz erhalten, auch wenn die alten Bürgerhäuser von Büros aller möglicher Organisationen, die im weiteren Sinne mit der EU zu tun haben, okkupiert wurden. Dennoch lohnt ein Streifzug durch die Straßen, vor allem durch die **Rue Archimèdes** mit ihren vielen Geschäften und Restaurants.

Enden sollte der Spaziergang am Square Ambiorix, wo das skurrilste und zerbrechlichste Gebäude der Stadt steht: Das **Haus des Malers Saint-Cyr** 7. Mit diesem bewies der Architekt Gustave Strauven 1903, dass exzentrisches Bauen auch mit geringen Mitteln möglich ist. Die extrem schmale Fassade, nur knapp 4 m breit, ist pures Dekor, hinter dem die architektonische Struktur zurücktritt. Im oberen Teil scheint sich das Haus in einem Blütenkelch zu vollenden, und ein Gespinst von kunstvoll geschmiedeten Gittern an Balkon, Gartentor und Giebelbekrönung tut ein Übriges, um die Konturen der Fassade aufzulösen.

Ü ÜBRIGENS

Maison Saint-Cyr
Der Kunstmaler Georges Saint-Cyr hat das Haus erbaut, aber gewohnt hat er darin nie. Eine Tanzpädagogin soll dort Tanzunterricht gegeben haben. Danach stand es leer. Jetzt soll das Gebäude originalgetreu renoviert und eine Pension darin eröffnet werden.

Zum Jubeln und Joggen – **Parc du Cinquantenaire**

13

Wo einst 50 Jahre Belgien bejubelt wurden, drehen heute Jogger ihre Runden, liegen mittags Angestellte im Bürodress verschnaufend im Gras. Sie können es ihnen gleichtun oder aber in den Museen im Park wahlweise Auto-Oldtimer, ausgediente Kampfjets oder ägyptische Sarkophage besichtigen.

Jubelpark heißt der Parc du Cinquantenaire auf Flämisch, und das nicht ohne Grund: 1880 sollte das *Cinquantenaire* bejubelt werden, der 50. Geburtstag des belgischen Staates, der ja erst mit der Revolution von 1830 Gestalt angenommen hatte. Inzwischen war König Leopold II. auf den Thron gekommen, ein machthungriger, herrsch-

Parkbesichtigung im Schnelldurchlauf: Für den Marathon in Brüssel, an dem alljährlich über 10 000 Menschen aus aller Welt teilnehmen, gibt das Palais Cinquantenaire eine schöne Kulisse ab.

süchtiger Monarch, dessen Kolonialpolitik an Grausamkeit kaum zu überbieten war. Auf seine Veranlassung hin entstand die Anlage auf dem Plateau de Linthout, damals ein Truppenübungsplatz außerhalb des Zentrums von Brüssel.

Palais du Cinquantenaire

Schlechtes Timing

Ein bisschen Pomp sollte es zum Fünfzigsten sein: Da durfte in der Mitte des **Palais du Cinquantenaire** ein **Triumphbogen** nicht fehlen. Imposant ist er mit seinen 50 m Höhe, eine Mischung aus Pariser Arc de Triomphe und Brandenburger Tor. Oben symbolisiert eine bronzene Quadriga die Provinz Brabant, zu der Brüssel damals gehörte. Am Fuße repräsentiert je eine bronzene Dame eine der übrigen belgischen Provinzen. Steinchen für Steinchen verherrlichen in den Kolonnaden der Seitenflügel drei Dutzend Mosaike die belgische Geschichte. Mit der Anlage und einer Nationalausstellung sollte damals der Reichtum und Fortschritt des Königreichs demonstriert werden. Pech nur: Zu den Feierlichkeiten wurde nicht alles fertig, teils war das Palais eine Kulisse aus Holz und Leinwand.

INFOS/ÖFFNUNGSZEITEN

Autoworld 1: www.autoworld.be, April–Sept. Di–So 10–18, Okt.–März 10–17, Sa/So 10–18 Uhr, 11/5–9 €

Musée Art et Histoire 2: www.kmkg-mrah.be, Di–Fr 9.30–17, Sa/So, Fei 10–17 Uhr, 10/4-8 €, 1. Mi im Monat ab 13 Uhr Eintritt frei

Musée royal de l'Armée et d'Histoire Militaire 3: www.klm-mra.be, Di–So 9–17 Uhr, Einlass bis 16 Uhr, 5/2–4 €

Horta-Lambeaux Pavilion 5: www.kmkg-mrah.be, Mi 14–16, Sa/So 12–16.45 Uhr, 2,50 €

La Maison Cauchie 7: 5b, rue des Francs, T 02 733 86 84, www.cauchie.be, Besichtigung am ersten Wochenende im Monat 10–13, 14–17.30 Uhr, letzter Einlass um 16.30 Uhr, 7 €

KULINARISCHES FÜR ZWISCHENDURCH

Brasserie La Terrasse 1 mit schönem Wintergarten (1, av. des Celtes, T 02 732 28 51, www.brasserielaterrasse.be, Mo–Fr ab 8, Sa/So ab 10 Uhr).

Cityplan: K–M 5/6 | **Métro** Mérode

Autoworld-Sonderausstellung: »Back to the Future«-Fans kennen diesen Citroën.

Alte Schätze auf vier Rädern

Im **Palais Mondial,** der südlichen von zwei Ausstellungshallen am Palais du Cinquantenaire, fand lange der alljährliche Autosalon statt, jetzt ist hier das Museum **Autoworld** 1 untergebracht. Über 400 Oldtimer, darunter zahlreiche Raritäten belgischer Automarken, z. B. der Minerva-Prototyp von 1902, und Staatskarossen, lassen das Herz jedes Auto-Freaks höher schlagen. Bugatti, Benz, Olds Mobile, Volkswagen, Ford, Ferrari und Jaguar ... der Besuch wird zur Zeitreise durch die Automobilwelt. Auch Feuerwehr-, Polizei-, Ambulanzfahrzeuge und Taxis sind ausgestellt – und eine nostalgische Autowerkstatt. Weitere Bereiche sind Motorrädern und dem Autorennsport (über 20 Rennwagen!) gewidmet.

Ein Museum für alles

Auf einer Werte-Skala von 1 bis 5 Sternen würde das **Musée Art et Histoire** 2 gewiss 5 Sterne erreichen. Mit ihm hat sich der ehrgeizige Traum eines Universalisten erfüllt: Es zeigt alles! Deshalb können Sie sich hier wie in einer dreidimensionalen Enzyklopädie bewegen, können antike griechische Vasen oder ägyptische Sarkophage aufsuchen, flämische Bildteppiche in Augenschein nehmen oder Art-nouveau-Objekte. Nicht nur die Fülle, auch die Tiefe der Sammlungen zur Ge-

K
KUTSCHEN

Auch Vorläufer motorgetriebener Fahrzeuge sind in der **Autoworld** zu sehen: Kutschen, darunter jene, die Napoleon III. bei seiner Heirat mit Eugenie de Montigeot benutzte. Noch umfassender ist die Kutschensammlung im **Musée Art et Histoire.** Mit dabei: die Reisekutsche von Leopold I.

Ü
ÜBRIGENS

Im Musée Art et Histoire existiert eines der letzten Ateliers für Gipsabdrücke: **Atelier de Moulage.** Es besitzt eine Sammlung von ca. 4000 Abgüssen von Kunstwerken und stellt davon Kopien her. Falls Sie den Wunsch nach einem ›David‹ von Michelangelo oder einer Napoleonbüste hegen – hier werden Sie fündig (Di–Fr 9.30–12, 13.30–16 Uhr).

Prägendes Merkmal der Maison Paul Cauchie ist das Sgraffito auf seiner Front. Das mit einer speziellen Technik in den farbigen Putz gekratzte Bild stellt im obersten Stockwerk acht Musen dar, eine neunte steht zwischen den beiden Fenstern des ersten Stockwerks.

schichte und Kunst Europas, Asiens, Ozeaniens und der islamischen Welt fasziniert.

Gerät für Krieg (und Frieden?)

Friedliebende Menschen werden sich das **Musée royal de l'Armée et d'Histoire Militaire** 3 (Museum für Militärgeschichte) vielleicht sparen wollen, obwohl der Eintritt frei ist. Doch das Museum mit seinen Uniformen, Waffen, Flugzeugen, Kunstwerken etc., das sich rühmt, eines der weltweit größten seiner Art zu sein, macht auch mit kritischen Ausstellungen oder thematischen Ausstellungen wie etwa zu Résistance und Déportation von sich reden. Über das Museum erreichen Sie die **Arcades des Cinquantenaire,** wo sich ein herrlicher Panoramablick über Brüssel bietet.

Zu viel Leidenschaft

Der Parc du Cinquantenaire ist groß genug für einen ausgedehnten Spaziergang mit oder ohne Hund. Staunendes Interesse weckt dabei vielleicht die **Tour Beyaert** 4, ein mittelalterlich anmutendes Türmchen, das für die Weltausstellung 1897 errichtet wurde, um die Vielseitigkeit des belgischen Steins in der Baukunst zu demonstrieren. Einen Hauch Antike bringt der **Horta-Lambeaux Pavilion** 5 in den Park, eines der ersten Gebäude des jungen Victor Horta. Der ›Tempel‹ entstand 1889 auf Drängen des Bildhauers Jef Lambeaux, der darin sein großes Marmor-Relief »Les Passions Humaines« (Die menschlichen Leidenschaften) ausgestellt sehen wollte. Doch das Relief zeigte diese Leidenschaften in solcher Detailtreue, dass man den Pavillon unmittelbar nach der Eröffnung schloss. Erst vor einigen Jahren wurde er wieder der Öffentlichkeit zugänglich gemacht.

An der nördlichen Ecke des Parks steht die **Grande Mosque** 6, die große Moschee, die ihrer religiösen Funktion erst seit 1978 nachkommt.

Das Haus der Musen

Die Häuser rund um den Parc du Cinquantenaire sind von großbürgerlichem Zuschnitt und verströmen eine Aura von Gediegenheit und Prestige. Nur das **Haus von Paul Cauchie** 7 in der Rue des Francs 5b tanzt aus der Reihe. Mit seinem Wohn- und Atelierhaus hat Paul Cauchie um 1905 ein weiteres Manifest des Art nouveau geschaffen.

Wo der König zu Hause ist – **Laeken**

\# 14

Wenn der belgische König von seinen Regierungsgeschäften Feierabend macht, fährt er hinaus nach Laeken in seine Residenz. ›Privat‹ steht daher auch unsichtbar am Gitter des königlichen Parks. Aber einmal im Jahr dürfen Besucher einen Blick hinter die Mauern werfen.

Als anderswo bereits moderne Bürgerhäuser oder Fabrikhallen errichtet wurden, genauer gesagt 1902, wurde im Norden von Brüssel das **Königliche Schloss von Laeken** 1 vollendet. Den schönsten Blick auf den Bau mit den massiven Säulen und dem hohen Kuppeldach haben Sie vom **Monument de la Dynastie** 2 auf der Anhöhe jenseits der Avenue du Parc Royale. Das neogotische Prunkstück zeigt den ersten König der Belgier, Leopold I., im Kreis seiner neun Provinzen.

Noch heute stehen in dem ersten Gewächshaus, das 1876 in Laeken errichtet wurde, Palmen aus der Zeit von König Leopold II. Für die fantastische Glas-Eisen-Konstruktion ließ sich der Architekt Alphonse Balat vom Kirchenbau inspirieren.

Das Paradies im Ausnahmezustand

Jedes Frühjahr dasselbe Bild: eine Besucherschlange vor den **Königlichen Gewächshäusern,** den **Serres Royales** 3. Nur wenige Wochen im Jahr steht die Stadt aus Glas und filigranem Gusseisen mit Türmen wie Minarette dem Volk offen. Gartenenthusiasten lustwandeln dann durch die feuchtschwüle, immergrüne ›Wellness-Oase‹, in der es an allen Ecken und Enden nur so duftet und blüht.

Die Düfte, die Blütenpracht, der Anblick von Palmen, Orangenbäumen und Kamelien, die Ruhe – das ganze Jahr über sind sie den Mitgliedern des belgischen Königshauses vorbehalten. Das Kronprinzenpaar wohnt gleich nebenan in **Schloss Laeken.** Eingebettet in eine Parkidylle aus prächtigen Bäumen, kosmetisch gestutztem Kugelgesträuch und Golfplatzrasen, ist es durch Galerien mit der Glasstadt verbunden, der ungestörte Zugang trockenen Fußes gewährt.

König Leopold II. verbrachte mit zunehmendem Alter immer mehr Zeit in der künstlichen Naturlandschaft seiner Gewächshäuser. Jedes Jahr ließ er sich Kataloge kommen und bestellte für viel Geld immer neue Pflanzen. Stolz war er auf seine Kamelien: »Die Kameliensammlung ist einfach einmalig. Selbst am Lago Maggiore gibt es keine vergleichbare«, schrieb er einmal. Und bei sehr strengem Frost stand er nachts auf, um nach der Temperatur im Kamelienhaus zu schauen.

Ein König mit Träumen

Leopold II. liebte große Architektur und er liebte Pflanzen, so wundert es nicht, dass er von einem Mammutgewächshaus träumte. Und der Traum sollte Realität werden: 1873 beauftragte er seinen Hofarchitekten Alphonse Balat mit dem Bau. Das Resultat ist ein kühnes Meisterwerk aus Eisen und Glas, das es mühelos mit dem damals noch existierenden Londoner Crystal Palace aufnehmen konnte. Obschon: Irgendwie war sich der König seiner Sache nicht ganz sicher. »Bauen wir etwas Pittoreskes oder Architektur?«, fragte er Balat einmal. Doch der wusste genau, was er tat, auch wenn sich der König häufig einmischte. Allein im Wintergarten verbaute Balat 651 533,64 kg Eisen.

Grüße aus Fernost

Ein Stück nach Norden finden Sie weitere Exotika aus Leopolds Sammlung: Einer fernöstlichen Pagode nachempfunden wurde der **Japanische Turm** 4. Der **Chinesische Pavillon** 5 jenseits der Straße ist ein entzückender kleiner Bau mit geschwungenen Dächern, Balkonen und kunstvoll durchbrochenen Gittern. Allerdings ist er längst nicht so chinesisch, wie er wirkt, sondern eine romantische Spielerei exotikverliebter Europäer, die sich Leopold II. errichten ließ und als verschwiegenes Lokal mit

INFOS / ÖFFNUNGSZEITEN

Königliche Gewächshäuser (Serres Royales) 3: 61, av. du Parc Royal, nur zwischen Mitte April und Anfang Mai für wenige Wochen geöffnet; Termine bei der Touristeninformation oder unter www.monarchie.be
Japanischer Turm 4, **Chinesischer Pavillon** 5 und **Musée d'Art japonais** 6 bilden zusammen die **Musées d'Extrême-Orient:** 44, av. van Praet, www.kmkg-mrah.be, zzt. geschl.
Église Notre-Dame de Laeken 7: Parvis Notre Dame, Kirche/Krypta So 14–17 Uhr und an speziellen Tagen, s. www.ndlaeken-olvlaken.be; Friedhof Di–So 8.30–16 Uhr

KULINARISCHES FÜR ZWISCHENDURCH

Brasserie Le Royal 1: 11, Parvis Notre-Dame de Laeken (neben der Kirche), Di–So 9–24 Uhr, Gerichte 10–20 €. Die handfeste Brasserie-Küche können Sie im Sommer auch draußen genießen.

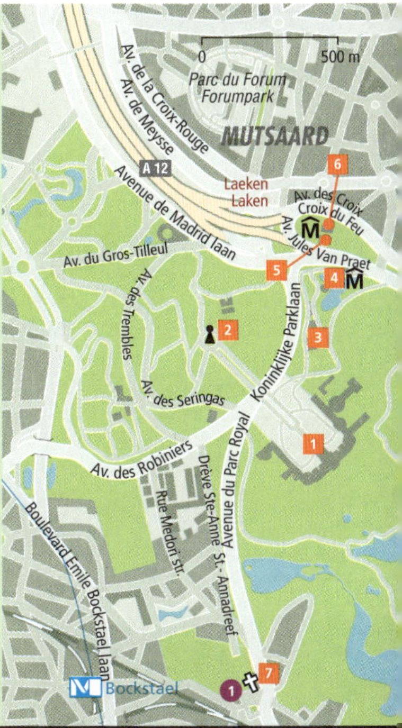

Cityplan: Karte 4 | **Tram** 23, 52 bis Gros Tilleul

Separees nutzte. In dem eher nüchternen Gebäude dahinter – ursprünglich eine Garage für die Kutschen und Automobile der Gäste des Pavillons – ist das **Musée d'Art japonais** 6, das Museum für japanische Kunst, untergebracht.

UM DIE ECKE

Am Ende der Avenue de la Reine liegt die Grabeskirche des belgischen Königshauses mit der königlichen Krypta: **Église Notre-Dame de Laeken** 7 (Mitte des 19. Jh.). Das größte neugotische Bauwerk in Belgien ist das Werk des Architekten Joseph Poelaert, der auch den gewaltigen Justizpalast erbaute. Wegen seiner pathetischen Grabmonumente ist der **Friedhof** einen Besuch wert. Eines ist Königin Astrid gewidmet, der bis heute verehrten Großmutter des derzeitigen Königs Philippe. Sie war 1935 mit nur 29 Jahren bei einem Autounfall ums Leben gekommen.

Église Notre-Dame de Laeken

15

Extrem groß, extrem klein – **Atomium und Mini-Europe**

Neun silbrig glänzende Kugeln, die wie ein Anschauungsobjekt aus dem Chemiesaal für Riesenkinder wirken, bilden das wohl sonderbarste Bauwerk der Welt. Kein Wunder, dass das Wahrzeichen der Weltausstellung von 1958 zum Symbol für Brüssel, wenn nicht sogar Belgien wurde. Einen Steinwurf entfernt: Architektur mit gleichfalls ungewöhnlichen Dimensionen.

Das Atomium im Wandel der Zeit: Die Grundkonstruktion von 1958 ist unverändert, aber es gibt auch Neuerungen. So wurde 2014 am Fuße des Baus die mehrteilige Skulpturenarbeit »Rock-Growth« von Arik Levy installiert.

Als 1958 in Brüssel die Weltausstellung eröffnet wurde, stand der wissenschaftliche Fortschritt obenan. Was lag da näher, als die Kraft aller Kräfte, die Kernkraft zu thematisieren. Gewiss, die verheerende Gefahr, die von der Kernkraft ausging, war durch den Abwurf der Atombomben durch

die Amerikaner auf Hiroshima und Nagasaki in das Bewusstsein der Menschen gerückt. Doch konnte die Kernkraft auch zu friedlichen Zwecken genutzt werden. Das erste wirtschaftlich genutzte Kernkraftwerk hatten – nein, nicht die Amerikaner! – die Russen in Obninsk, 100 km von Moskau entfernt, 1954 erfolgreich in Betrieb genommen, vier Jahre vor der Weltausstellung.

Im Schick der 50er-Jahre: Mehrere Hundert Hostessen standen den Besuchern der Weltausstellung 1958 in Brüssel mit Rat und Tat zur Seite.

Sinnbild der schönen neuen Welt

Angesichts dieser Möglichkeiten erhoffte man sich von der Atomkraft den Eintritt in eine schöne neue Welt mit billigem Atomstrom aus der Steckdose. Für dieses Lebensgefühl ein auf Anhieb verständliches Bild zu prägen, machten sich die Ausrichter der Expo zur Aufgabe. Das Ergebnis: Die Darstellung eines Eisenkristalls, 165-milliardenfach vergrößert, mit der genauen Anordnung der Atome im Kristallgitter – das **Atomium** 1. Die neun Kugeln stehen für die Eisenatome, die verbindenden Röhren sind die Kräfte, die zwischen ihnen wirken. Das 102 m hohe Riesenteil, ein ebenso großartiges wie kurioses Werk, sollte nicht nur Skulptur, sondern auch Architektur sein, ein Bauwerk, in dem man herumwandern konnte.

Geplant hat das 2400 Tonnen schwere Bauwerk (der Eiffelturm wiegt übrigens mit 7300 Tonnen mehr als dreimal so viel) ein ehemaliger Hockey-Nationalspieler, der für Belgien 1948 an den Olympischen Spielen in London teilnahm, der Ingenieur André Waterkeyn.

Ein Eisenkristall wird aufgehübscht

Über 41 Mio. Besucher kamen zur Brüsseler Weltausstellung und das Atomium avancierte zum Markenzeichen Belgiens. So beschloss die Stadt Brüssel, den Bau, der eigentlich abgerissen werden sollte, zu erhalten. Im Laufe der Jahrzehnte wurde die Aluminiumhaut der Kugeln stumpf, die Holme brüchig. Zeit, das Atomium endlich doch noch abzureißen. Das rief die Brüsseler auf den Plan – sie wollten sich ihre Ikone nicht nehmen lassen. Diese wurde von Grund auf saniert, mit rostfreien Edelstahlblechen anstelle der alten Aluminium-Haut und wetterfesten Polycarbonat-Scheiben in den 180 Fenstern – nun strahlt sie heller als zuvor. Mehr noch: Nach Einbruch der Dunkelheit symbolisieren an die 3000 Lauflichter

Ü
ÜBRIGENS

Bei der Expo 58 hatte man es sich nicht nehmen lassen, ein technisches Prunkstück direkt unter dem Atomium zu installieren – einen echten, funktionsfähigen Atomreaktor aus den USA. 1959 übernahm die Universität Basel diesen Reaktor; er wurde dort jahrzehntelang mit rund 2,2 kg hoch angereichertem Uran betrieben. Inzwischen ist er außer Betrieb – 2015 wurden die Brennelemente in die USA zurückgeführt.

Ü ÜBRIGENS

Brüssel war schon 1935 Schauplatz einer Weltausstellung gewesen. Daran erinnert noch die große Ausstellungshalle **Palais du Centenaire** 2 am nördlichen Ende des Boulevard du Centenaire. Die vier Figuren auf dem Art-déco-Gebäude symbolisieren Seefahrt, Pferdestärke, Dampfantrieb und Luftfahrt.

die um die Atome kreisenden Elektronen. An die Weltausstellung 1958 erinnert in der untersten Kugel eine ständige Ausstellung, die auch Modelle einiger Länderpavillons präsentiert. Andere Kugeln zeigen Sonderausstellungen und in der Kinderkugel werden Projekte für Schulklassen oder Gruppen durchgeführt. Aber am attraktivsten ist zweifellos die oberste Kugel, die einen gigantischen Panoramablick über die ganze Stadt und den Park von Laeken erlaubt, im Nordosten sogar bis Antwerpen.

Angesichts der verheerenden Reaktor-Katastrophen von Harrisburg, Sellafield, Majak, Tomsk-7, Tokaimura, Tschernobyl und Fukushima, der bisher völlig ungelösten Frage der Endlagerung des Atommülls und der umstrittenen maroden Pannenreaktoren gerade in Belgien hinterfragen immer mehr Menschen, ob Atomkraft tatsächlich die Eintrittskarte in eine schöne neue Welt ist. Man kann nur hoffen und sollte alles dafür tun, dass das Atomium nicht eines Tages zu einem Katastrophen-Mahnmal wird.

INFOS/ÖFFNUNGSZEITEN

Atomium 1: www.atomium.be, tgl. 10–18 Uhr, 12/6–10 €
Bruparck: Eeuwfeestlaan 20, www.bruparck.com

Mini-Europe 3: www.minieurope.com, tgl. 9.30–18 (Kasse bis 17 Uhr), Juli, Aug. bis 20 (Kasse bis 19 Uhr), Okt.–Anf. Jan. ab 10 Uhr. Anf. Jan.–Mitte März geschl., 15,50 €, Kinder bis 1,15 m gratis, darüber 11,50 €
ADAM 7: www.adamuseum.be, tgl. 10–18 Uhr, 10/8 €
Kombitickets: Für Besuche des Atomium, Mini-Europe, ADAM und Océade gibt es preisgünstige Kombitickets.

KULINARISCHES FÜR ZWISCHENDURCH

Dem Lockduft der Fritten können Sie am **Imbiss** zu Füßen des Atomiums erliegen. Für komplexere Menüs empfiehlt sich das Panorama-Restaurant des Atomiums, wo zusätzlich der interessante Blick nährt: **Atomium Restaurant,** www.atomiumrestaurant.be, Mo–Sa 12–15, 19–21.30, So 12–16.30 Uhr, Reservierung T 02 479 58 50, Hauptgericht ab 30 €, Lunch-Menü 35 €

Cityplan: Karte 4 | **Métro** Heysel

Die neun Kugeln des Atomiums sind durch 20 Röhren miteinander verbunden.

Europa wie zu heiß gewaschen

Von der Welt der vergrößerten Objekte in ihr Gegenteil: **Mini-Europe** 3 heißt der zum **Bruparck** gehörende Miniaturenpark zu Füßen des Atomiums. Die berühmtesten Gebäude, Denkmäler und Landschaften Europas wurden hier im Verhältnis 1:25 nachgebaut. Neben dem Schiefen Turm von Pisa und der Florentiner Piazza della Signoria speit der Vesuv; auch das Lübecker Holstentor und der Dom zu Speyer pflegen gute Nachbarschaft. Züge sausen umher, Lkws warten an roten Ampeln und starten, sobald die Lichter umschalten, und in der Arena von Sevilla beobachten 6000 Figürchen aus Hartplastik einen Stierkampf. Faszinierend: Auf Knopfdruck stürzt die Berliner Mauer ein.

Noch mehr Wunderwelten

Zum Bruparck gehört auch **Kinepolis** 4, wo in 24 Kinosälen Hollywoodstreifen gezeigt werden. Das subtropische Schwimmbad **Océade** 5 lockt mit Whirlpools, Wasserrutschen und einem Wellenbad. **Le Village** 6 ist eine Ansammlung von Fast-Food-Lokalen und Boutiquen, die mit spitzen Giebelchen und Sprossenfenstern ein Brabanter Dorf imitieren. Das **ADAM,** das **Art & Design Atomium Museum** 7 im Trade Mart, zeigt über 2000 Exponate, vom Alltagsgegenstand bis zum Kunstwerk – alles aus Plastik!

Schrille Farben, schräge Formen: Das Plasticarium im ADAM nimmt Sie mit in die Welt des Plastikkults: Designobjekte und Kunstwerke von der Pop Art bis zur Postmoderne bilden eine wilde Mischung. Etliches von Berühmtheiten wie Arman, César und Joe Colombo ist darunter.

EINTRITTSKARTEN *in andere Welten …*

Neben den großen Museen gibt es in Brüssel viele kleinere, ebenfalls interessante. Hier meine persönliche Auswahl.

UND JETZT ENTSCHEIDEN SIE!

Musée Mode & Dentelle
Di–So 10–17 Uhr
8/6 €

Die Brüsseler Spitze ist berühmt. Und hier ist alles Spitze – fast alles: Das Spitzen- und Kostümmuseum zeigt Spitzenarbeiten, Ballkleider, moderne Textilarbeiten u. v. m. des 17.–20. Jh.
Karte 2, E 4, www.fashionandlacemuseum.brussels

JA NEIN

Musée du Jouet/ Spielzeugmuseum
Tgl. 10–13, 14–18 Uhr
6,50/5,50 €

Die Spielzeuge, Kaufläden, die Modelleisenbahnanlage, die Brüsseler Straßenbahn in Originalgröße u. v. m. wecken Erinnerungen und lassen Kinderaugen leuchten. Auch ständig Vorführungen von Spielzeugen.
G 3, www.museedujouet.eu

JA NEIN

Musée du Porte de Hal
Di–Fr 9.30–17,
Sa/So, Fei 10–17 Uhr
7/3–5 €

Das einzige erhaltene Stadttor der mittelalterlichen Festung zeigt eine Sammlung zum mittelalterlichen Brüssel. Prunkstücke: die reich verzierten Rüstungen von Erzherzog Albert von Österreich und seinem Pferd.
D 7, www.kmkg-mrah.be

JA NEIN

Musée d'Ixelles
Wegen Renovierung bis Herbst 2021 geschlossen!

Kunst im früheren Schlachthaus mit Werken belgischer Impressionisten, Pointillisten, Fauvisten und Symbolisten; auch Werke der Surrealisten (Magritte, Delvaux), CoBrA, Pop Art sowie Plakate der Jahrhundertwende.
H 7/8, www.museedixelles.irisnet.be

JA NEIN

Train World
Di–So 10–17 Uhr,
Einlass bis 15.30 Uhr
12/9 €

Außen historischer, mit Speckschichten erbauter Backstein-Bahnhof, innen alte und jüngere, große und kleine stählerne Schätze auf Schienen und vieles drumherum – nicht nur für Eisenbahn-Freaks.

nördlich H 1, www.trainworld.be

○ JA ○ NEIN

Musée du Tram
Öffnungszeiten siehe Website
8/4–6 €

Sammlung historischer Straßenbahnen, Busse, Taxis im alten Woluwe-Depot. Regelmäßig finden Ausflüge in Tram oder Bus statt, bei schönem Wetter in offenen Fahrzeugen.

östlich M 6, http://trammuseum.brussels

○ JA ○ NEIN

Cinematek
Mo–Mi, Fr 17.30, Do, So 14.30, Sa 16.30 Uhr
4/2 €

Erst interaktive Einstimmung in der Galerie des Filmmuseums mit Filmfragmenten, dann die Vorführung eines ausgewählten Films genießen – im imposanten Jugendstilpalais des Beaux-Arts (BOZAR) von Victor Horta.

Karte 2, F 5, www.cinematek.be

○ JA ○ NEIN

Museum of original figurines (MOOF)
Di–Sa 10–18, So bis 17.45, Juli–Aug. Sa bis 19, So bis 17.45 Uhr
10/3–7 €

Hier sind sie alle versammelt, die berühmten Comic-Helden, selbst der Zauberkessel des Druiden aus Asterix und Obelix. Und nachgestellte lustige Szenen und Zeichentrickfilme vertiefen die Eindrücke.

Karte 2, F 4, http://moofmuseum.be

○ JA ○ NEIN

Belgian fries Micro Museum
1. Wochenende im Monat Sa 13.30–18.30, So bis 18 Uhr
Eintritt frei

Klein, aber oho! Hier können Sie anhand von über 500 Exponaten (Karikaturen, Poster, Fotos etc.) alles über die goldgelben Kartoffelstäbchen erfahren – nur probieren kann man die Pommes hier leider nicht.

südwestl. A 8, www.homefrithome.com

○ JA ○ NEIN

Brüsseler Museen

Die Hauptstadt Europas und des belgischen Königreichs ist auch eine Hauptstadt der Kunst. Ihre hochkarätigen Museen zeichnen sich durch einige der bedeutendsten Kunstsammlungen Europas aus. Ein großer Museumsstandort im Zentrum ist der **Mont des Arts** (Kunstberg; ► S. 47), auf dem sich zahlreiche Museen versammeln: Musée Oldmasters, Musée Modern, Musée Magritte Museum und Musée Fin-de-Siècle, die zu den Königlichen Museen der Schönen Künste (Musées royaux des Beaux-Arts de Belgique) gehören; das Musée des Instruments de Musique in einem Jugendstilgebäude; das Musée BELvue und Coudenberg sowie die Cinematek (Musée du cinéma de Bruxelles) im Jugendstilpalais des Beaux-Arts (BOZAR) von Victor Horta.
Auf eine geballte Ladung großer Museen treffen Sie auch am **Parc du Cinquantenaire** (► S. 67). Im Musée Art et Histoire, einer Art Universalmuseum, im Militärmuseum und im Museum Autoworld mit einer faszinierenden Oldtimer- und Motorrad-Sammlung kann man Stunden zubringen.
Aber auch die vielen über die Stadt verstreuten Mini-Museen bereichern mit ihrer Vielfalt die Brüsseler Museumslandschaft. Einige beispielsweise befassen sich mit den belgischen Gaumenfreuden: das Belgian fries Micro Museum, in dem sich alles um die belgische Erfindung Pommes frites dreht, das Schokoladenmuseum Choco-Story nahe der Grand-Place und die beiden dem belgischen Bier gewidmeten Museen, Biermuseum und Musée Bruxellois de la Gueuze.

TIPPS FÜR DEN MUSEUMSBESUCH

Brussels Card: Sie gewährt freien Eintritt in 40 Museen u. v. m. Die Karte für 24, 48 oder 72 Stunden kostet 26, 34 bzw. 42 €.
Öffnungszeiten: Die meisten Museen sind montags geschlossen.

Im Centre Belge de la Bande Dessinée betätigt sich Tintin (Tim) als Museumswärter.

Steinerne Kolosse – König Leopold II. baut sich seine Stadt

König Leopold II. gefiel Brüssel überhaupt nicht. Statt verkommener Viertel und verseuchter Kanäle wollte er eine »große Stadt mit Luft und viel Platz«, eine Königsstadt à la Paris. Also drückte er der Residenzstadt Brüssel seinen Stempel auf, indem er breite Avenuen und wuchtige Bauten errichten ließ. Dabei griff er tief in seine Privatschatulle, in der er Millionen angehäuft hatte, grausam herauspresst aus seiner Privatkolonie Kongo.

Leopold II. war von 1885 bis 1908 Besitzer des ›Freistaats Kongo‹, im Zentrum von Afrika gelegen und über 70-mal so groß wie Belgien. Es war seine Privatkolonie – abgesegnet von ganz Europa. Zuvor hatte er den britischen Afrikakenner und Reporter H. M. Stanley beauftragt, den oberen Fluss Kongo ›wissenschaftlich zu erforschen‹ – so die damals offizielle Version. Tatsächlich nahm Stanley dort Ländereien im Auftrag des Königs in Besitz. In den Verträgen übereigneten die Stammeshäuptlinge ihr Land samt der Arbeitskraft der Bewohner. Mit brutalsten Mitteln wurde diesen anschließend bei der rigorosen Ausbeutung des Landes körperlicher Einsatz abverlangt. Anfangs ging es um das ›weiße Gold‹ Elfenbein und Naturstoffe wie Kaffee, Tabak und Kautschuk, um Erze und um Diamanten. Nachdem der britische Tierarzt John Boyd Dunlop 1888 den luftgefüllten Reifen aus einem Gummischlauch erfunden hatte, setzte weltweit ein wahrer Kautschukboom ein – mit furchtbaren Folgen für die Kongolesen. Wer nicht genug Kautschuk heranschaffte, wurde von den Söldnern des Königs brutal bestraft. Sie brannten Dörfer nieder, schlugen Eingeborenen die Hände ab und prügelten die Menschen, auch Kinder, mit der berüchtigten ›Chigotte‹, einer Peitsche aus ungegerbter, scharfkantiger Nilpferdhaut. Es wurde gemordet und geplündert, durch die Zwangsarbeit kam es zu Seuchen und Hungersnöten. Die Zahl der Menschen, die in dieser Zeit im Kongo zu Tode kam, wird mit bis zu 10 Mio. beziffert. Nachdem die Verbrechen aufgedeckt waren, verkaufte Leopold II. seinen Privatbesitz 1908 an den belgischen Staat, der die Gebiete bis zur Erlangung der Unabhängigkeit im Jahre 1960 als belgische Kolonie verwaltete.

Mit einer Protestaktion erinnerte der Schriftsteller Theophile de Giraud 2008 in Brüssel an die Massaker im Kongo unter Leopold II.

Im Wandel der Zeit

Musée Royal de l'Afrique Centrale

Karte 5

Als 1897 in Brüssel die Weltausstellung stattfand, präsentierte Leopold II. im Park von Tervuren seinen Privatbesitz Kongo in einer Kolonialausstellung. Neben ethnografischen Gegenständen und ausgestopften afrikanischen Tieren konnten Besucher auch ein kongolesisches Dorf mit über 200 Menschen aus dem Kongo bestaunen. Die Ausstellung führte zur Gründung des Afrika-Museums, dessen Bestand sich in den folgenden Jahrzehnten kaum veränderte. Das sah man ihm auch an: Die Sammlung setzte sich aus angestaubten Exponaten, u. a. Insektengetier, Skulpturen, Masken, Waffen und Schmuck aus Zentralafrika zusammen. Das ausgestopfte Großwild, u. a. Nashorn, Leopard und Springbock, war vom Siechtum befallen, aus dem brüchigen Fell quoll Füllmaterial und der Glanz der Knopfaugen war ermattet. Außerdem gab es Darstellungen der Landschaften in Modellen und der Wirtschaft Zentralafrikas, insbesondere des Kongo. Bewahrt wurde im Museum auch die Glorifizierung der Kolonialzeit: mit allegorischen Figuren zum damaligen Sendungsbewusstsein der Kolonialmacht und in Stein gemeißelten schwarzen Menschen. Wenig war zu erfahren über die unsäglichen Gräuel an den Eingeborenen, die die Kolonialisten im Kongo begangen hatten. Als sich die Gräueltaten nicht mehr leugnen ließen, kam es Ende der 1990er-Jahre auch im Museum zu einer Wende und 2005 fand eine erste Ausstellung über die Kolonialzeit statt. Jahrelang war das Museum geschlossen. Seit Dezember 2018 ist es wieder geöffnet, restauriert und neu gestaltet. Man hat das Museum des kolonialen Afrikas zu einem Museum des zeitgenössischen Afrikas gemacht.

Leuvensesteenweg 13, T 02 769 52 11, www.africamuseum.be, 12/4–8 €

Ein Bau zum Wahnsinnigwerden

Palais de Justice

E 6

Mit seinen zahlreichen Bauprojekten setzte sich Leopold II., von 1865 bis 1909 König der Belgier, ein Denkmal. In seinem Auftrag entstanden z. B. der kolossale Arc de Triomphe mit seinen ausladenden Flügeln im Parc du Cinquantenaire (► S. 67) und

Im neu konzipierten Afrika-Museum wird die koloniale Vergangenheit des alten Museums selbst kritisch in den Blick genommen

Ü
ÜBRIGENS

Brüssels schönste Tram-Route
Leopold II. ließ nicht nur die breite Avenue de Tervuren zum 15 km entfernten Tervuren bauen. Auf sein Geheiß wurde auch anlässlich der Weltausstellung 1897 eine Straßenbahnstrecke entlang der Avenue angelegt. Damit verband der König den Parc du Cinquantenaire mit Tervuren, wo er seine Kolonialausstellung präsentierte. Die Route, auf der heute **Tram 44** verkehrt, führt an beeindruckenden Villen, dem Parc de Woluwé und dem Tram Museum vorbei zum Parc Tervuren mit dem Musée Royal de l'Afrique Centrale. Von der Haltestelle Ravenstein können Sie, am Royal Golf Club of Belgium vorbei, zum **Arboretum Tervuren** mit 460 verschiedenen Baumarten wandern.
Tram 44: von der Metro-Station Montgomery nach Tervuren

das monströse Palais de Justice. Der Justizpalast, ein stilistisches Allerlei, brachte Joseph Poelaert den Spottnamen ›*skieven architek*‹ (schiefer bzw. verschrobener Architekt) ein. Und nicht nur das: Nach 13 Jahren Bauzeit soll des Königs Lieblingsbaumeister an dem Projekt wahnsinnig geworden sein; vier Jahre vor der Einweihung starb er. Siebzehn Jahre werkelten Handwerker, bis der Bau 1866 fertig war.
Nicht von ungefähr ließ Leopold II. den Justizpalast am einstigen Galgenberg errichten – der Stätte, an der im Mittelalter die zum Tode Verurteilten gehängt wurden und sich des Nachts angehende Anatomen die Leichen holten, um den menschlichen Körper zu studieren.
Hoch über den Marollen türmt sich der steinerne Koloss auf, liegt wie ein dunkler Schatten über dem Volksviertel, dessen Bewohner häufig besonders aufmüpfig waren. Für den Justizpalast riss man Hunderte Häuser ab. Gegen die Obrigkeit kamen die Bewohner nicht an, doch am ›Tag der offenen Tür‹ nach der Einweihung zeigten sie, was sie von dem Monsterbau hielten: Sie rissen Sitze heraus, urinierten auf Teppiche und brachen Stücke aus den Säulen heraus. Mit 26 000 m² Fläche ist das Bauwerk größer als dreieinhalb Fußballfelder. Durch das über 42 m hohe Hauptportal betritt man die riesige Salle des pas perdus (Saal der verlorenen Schritte), die 104 m bis hinauf in die goldene Kuppel reicht. Hier musste man sich schmächtig und klein vorkommen vor dem Gesetz. Kein Wunder, dass der berühmte amerikanische Regisseur Orson Welles in dieser Kulisse Kafkas »Prozess« verfilmen wollte – wozu es aber nicht kam. Seit Jahren wird der kolossale Bau renoviert. Zurzeit beherbergt er das Kassationsgericht. Zur weiteren Nutzung hat man einen Ideenwettbewerb ausgeschrieben – das Schicksal des Baus ist also ungewiss.
1, pl. Poelaert, Mo–Fr 9–17 Uhr, (häufig geschlossen), Eintritt frei

Kolossalbau mit Aussicht
Basilique Nationale du Sacré-Cœur 🕮 nordwestlich C 1
An einem hitzeflirrenden Sommertag liegt die Herz-Jesu-Basilika wie eine Fata Morgana am Ende des Boulevard Leopold II. auf dem Koekelberg. Wie der Justizpalast hat auch dieser Bau – 1905 begonnen, aber erst 74 Jahre später vollendet – gewaltige Ausmaße: 89 m hoch ist er, 167 m lang, 108 m breit. Die neoromanischen Formen sind auch von Expressionismus und Art déco beeinflusst – an sich eine reizvolle Mischung, die aber an ihrer Monumentalität krankt. Im Innern wirkt der riesige Raum kühl. Bündelpfeiler aus poliertem Stein, eine Vielzahl von Seitenkapellen und eine Galerie machen ihn trotz seiner Leere unübersichtlich. Am Altar erhebt sich die über 4 m hohe Herz-Jesu-Statue. Traumhaft ist der Blick von der Kuppel auf Brüssel.
Parvis de la Basilique du Sacré-Cœur, www.basilicakoekelberg.be, Zugang zur Kuppel im Sommer tgl. 9–17, im Winter tgl. 10–16 Uhr, Tickets bis 30 Min. vor Schluss, 5 €

Pause. Einfach mal abschalten

Sie haben viel gesehen und sehnen sich nach etwas Ruhe? Grüne Parkanlagen, manche weitläufig, andere klein und versteckt, schattige Caféterrassen unter Bäumen, aber auch Straßencafés unmittelbar bei den touristischen Highlights laden ein zu rasten und abzuschalten.

Bei Peter Pan

Parc d'Egmont F 6

Der versteckt liegende Park, ursprünglich der Garten des Palais d'Egmont, ist eine kleine grüne Oase mitten im Häusermeer. Hier können Sie auf einer der Parkbänke pausieren oder auch bei einem Kaffee auf der Terrasse der einstigen Orangerie, die heute das Restaurant La Fabrique beherbergt. Die Bronzefigur des Peter Pan ist eine Kopie der Statue, die in den Londoner Kensington Gardens steht.

Umgeben von 50 Bronze-Männern

Place du Petit Sablon F 6

Ein beliebter Fleck zum Verweilen – nichts deutet mehr darauf hin, dass dies einmal ein Friedhof war. Eingefasst ist er von einem imposanten schmiedeeisernen Zaun mit 48 majestätischen Säulen, darauf Bronzestatuen, die die Brüsseler Handwerkszünfte repräsentieren. Es kommen noch zehn Statuen im hinteren Teil des Gartens dazu, die die großen belgischen Humanisten darstellen. Lange Holzbänke stehen am zentralen Brunnen, über dem das Denkmal der Grafen von Egmont und Hoorn aufragt. Immergrüne und in Frühjahr und Sommer blühende Pflanzen bieten dem Auge weitere Abwechslung.

Grüner geht's nicht

Parc de Bruxelles G 4/5

Hier können Sie ohne Ende Sauerstoff tanken. In der auch Warandepark oder Parc Royal genannten Parkanlage, die sich vom Königlichen Palast bis zum Parlamentsgebäude erstreckt, wird gejoggt und im Sommer auf der grünen Wiese gepicknickt. Ach ja: Als Zar Peter der Große hier war, hat er sich in das Becken der großen Fontaine übergeben – er hatte wohl zu üppig gespeist.

Genussvoll Zeitung lesen

Librairie Filigranes H 5

Vielleicht kaufen Sie in der riesigen Buchhandlung eine Zeitung und durchblättern diese dann genüsslich bei einem Cappuccino und einem Croissant hinten in der Café-Snack-Bar. Vorausgesetzt, es gelingt Ihnen, dem Reiz des Stöberns nach Büchern zu widerstehen, was angesichts des breiten Angebots gar nicht so einfach ist.

39, av. des Arts, www.filigranes.be, Mo–Fr 9–20, Sa 10–19.30, So, Fei 10–19 Uhr

Bank-Leute

Agora Square E/F 4

Nehmen Sie neben dem bronzenen Karel Buls Platz. Er sitzt mit seinem Hund auf der steinernen Bank, die den Brunnen auf dem Agora Square umgibt. Schauen Sie einfach dem bunten Treiben auf dem Platz zu. Immer wieder spielen hier Straßenmusikanten auf und an den Marktständen bieten Händler von Donnerstag bis Sonntag Kunsthandwerk feil.

Große Tummelwiese

Parc du Cinquantenaire
K–M 5/6

Stattliche 37 ha groß und perfekt fürs Picknick im Grünen. Im Sommer rangiert der Park, den König Leopold II. zum fünfzigsten ›Geburtstag‹ des Königreichs anlegen ließ, bei den Brüsselern in der Beliebtheitsskala der städtischen Oasen ganz oben. Die Erwachsenen sitzen vielleicht bei einem Gläschen Rotwein entspannt auf dem Rasen und plaudern, während die Kinder umhertollen. Zu allen Jahreszeiten trifft man auf den kreuz und quer durch den Park verlaufenden Wegen Jogger und Gassi gehende Hundbesitzer an.

Mitten im Herzen
Grand-Place 🕮 E 4
Klar doch, dies ist ein Highlight der Touristen, hier kommt jeder hin. Und dennoch: Man setzt sich an einen Tisch auf den Restaurantterrassen, bestellt sich etwas Erfrischendes und lässt die Seele baumeln. Los ist hier ja immer etwas, und oft ist etwas zum Schmunzeln dabei: Mal ist es der Fremdenführer, der mit hochgehaltenem Fähnchen eine Busladung Asiaten um sich schart und verzweifelt versucht, gegen das laute Geplapper anzukommen. Oder das vor dem Rathaus im offenen pinken Cadillac vorfahrende Brautpaar, auf das die festlich gekleidete Hochzeitsgesellschaft schon wartet. Ein ruhiges Plätzchen, einen Logenplatz im »schönsten Theater der Welt«, wie der französische Schriftsteller Jean Cocteau die Grand-Place nannte, hat man, wenn man das Glück hatte, einen Fensterplatz in der ersten oder zweiten Etage der Aroma Coffee Lounge (37, Grand-Place) zu ergattern.

Ü
ÜBRIGENS

Ein fast vergessener Platz
Einladende Bänke, junge Bäume, neoklassizistische Gebäude als Kulisse, dennoch ist hier kaum jemand zu sehen. Die **Place des Martyrs** (🕮 F 3) ist ein ruhiger Ort zum Entspannen. Und was hat es mit dem Namen auf sich? Unter dem Platz ruhen Hunderte 1830 beim Aufstand gefallene Brüsseler, deren Namen auf Tafeln in einer Krypta unter dem Patria-Denkmal aufgeführt sind.

Zwischen hohen Häusern
Jardin botanique 🕮 G 2
Schön ist es im Botanischen Garten, einem öffentlichen Park mit vielen Parkbänken, imposanten Bronzefiguren und der großen, gläsernen Orangerie. Ein beliebter Ort für frisch Getraute übrigens, die sich hier zum Hochzeits-Fotoshooting einfinden.

Auch eine Art von Sightseeing: Einfach nur in den Brüsseler Himmel schauen …

Gut gebettet in Brüssel

Als EU-Metropole verfügt Brüssel über ein großes Angebot an Hotels und Pensionen, darunter allerdings überproportional viele hochpreisige – schließlich werden die meisten Übernachtungen ja von Spesenkonten bezahlt. Der Standard der günstigeren Hotels ist eher niedriger als in Deutschland. Erfreulicherweise etablieren sich zunehmend kleinere und ausgefallene Design- oder Boutiquehotels mit allem Komfort zu fairen Preisen.

Im Prinzip ist in Brüssel die ganze Palette zu haben: Grandhotels der Luxusklasse – einige aus der Belle Époque, Kettenhotels für Businessreisende, hippe Designhotels, B&Bs mit Privatatmosphäre, kleinere, vielleicht etwas verwohnte Zwei-Sterne-Hotels und Hotels mit einem Stern, in denen nicht alle Zimmer Bad oder Dusche haben. Und schöne Jugendherbergen gibt's auch.

Doch wie komme ich an ein gutes, günstiges Hotelzimmer? Im Internet lassen sich die Quartiere und Zimmerpreise gut vergleichen. Viele Hotels in Brüssel sind wochentags belegt und an Wochenenden, im Sommer oder um Weihnachten deutlich günstiger. Etliche bieten erheblichen Rabatt, wenn Sie auf die Möglichkeit der Gratis-Stornierung verzichten. Oft wird, wie Vergleichsplattformen, z. B. Trivago oder Kayak, zeigen, dasselbe Zimmer im Internet zu unterschiedlichen Preisen angeboten. Wenn Sie sparen wollen, achten Sie auch auf folgende Punkte: Ist das Frühstück inklusive? Sind Parken, WLAN, Wellness- oder Fitnessbereich und der Shuttle vom/zum Flughafen gratis?

Gute Nacht! Schlafen Sie gut und träumen Sie etwas Schönes in Brüssel.

ZUM SELBST ENTDECKEN

Hotelreservierung
Altbewährt bietet sich hierzu das Reisebüro an. Online-Bucher können sich auf zahlreichen Hotelbuchungsportalen informieren und dort buchen, u. a. bei www.booking.com, www.tripadvisor.com, www.hotels.be, www.hotelreservierung.de

Bed & Breakfast
Bed & Brussels (www.bnb-brussels.be) vermittelt B&Bs. Auch bei www.bedandbreakfast.eu wird man leicht fündig.

Holzdesign
Chelton Hotel L 4
Stilvoll in zeitgenössischem Dekor eingerichtet. Dabei kam jede Menge Holz zum Einsatz – in vielen überraschenden Varianten. So wurde in der Lobby, im Frühstücksraum, in den Zimmern ein eigenes Flair kreiert. Der Wellnessbereich mit Türkischem Bad und Whirlpool bietet die Möglichkeit zu entspannen. Von der Dachterrasse haben Sie eine tolle Rundumsicht. Das Chelton Hotel liegt mitten im Europaviertel und nur etwa 200 m vom Park du Cinquantenaire.
48, rue Véronèse, T 02 735 20 32, www.chelton.be, ab ca. 70 DZ €, Frühstück (optional) 14 €/Pers.

Ein Hauch Art nouveau
L'Espérance Hotel Karte2, F 2
Schickes kleines 12-Zimmer Hotel mit individuell eingerichteten Zimmern. Frühstück wird unten in der schönen Art-nouveau-Taverne serviert, eines der letzten Werke des Architekten Léon Govaerts. Es gibt übrigens auch ein im Stil des Art déco eingerichtetes Zimmer.
1–3, rue du Finistere, T 02 219 10 28, www.hotel-esperance.be, DZ ab ca. 118 €

Cool – originell – pfiffig!
Funkey Brussels Hotel K 2/3
Alle 35 Zimmer sind geräumig und tipptopp – fröhlich-bunt gestaltet mit eigenem Bad und thematisch einem Spiel gewidmet: Chabada, Mölkky, Poker oder Maskerade. Die kann man auch im ›Spielsalon‹ spielen, wo auch gemeinschaftlich gefrühstückt wird. Eine Hotelbar sucht man vergebens, stattdessen gibt es den Kühlschrank mit Selfservice. Zum Hotel gehört ein lauschiger Garten.
116, rue Artan, T 02 733 23 53, www.funkeyhotel.com (mit Video-Clip bei Youtube!), all inclusive (Frühstück, Getränke, Snacks, Parken, WLAN, Steuern) Zimmer: S 69 €, M 79 €, L 99 €, XL 129 €

Kunst an der Wand
Hotel Bloom! G 2
In jedem Zimmer erwartet Sie ein anderes Wandgemälde – gestaltet wurden sie von insgesamt 287 jungen europäischen Künstlern. 30 m² ist die Mindestgröße der lichtdurchfluteten Zimmer und Lofts, ausgestattet mit Designermöbel. Sie können sich die Wandgemälde online ansehen und danach Ihr Zimmer auswählen. Großes Frühstücksbuffet im ›OO!‹, dem Frühstücksraum. Ach ja, und noch was: Waffeln gibt es im orangen VW-Bulli, der mitten im Raum parkt.
250, rue Royale, T 02 07 01 80 42, www.nh-hotels.com, DZ ab 93 €

Aufwecker: knusprige Croissants

Mit speziellem Touch
Hotel Café Pacific Karte 2, D 3
In dem kleinen Hotel – nur 13 Zimmer, verteilt auf fünf Stockwerke – wird viel Wert auf eine persönliche Atmosphäre gelegt. Jedes Zimmer hat seinen speziellen Touch, schlicht, fantasievoll, mit viel Sinn für Farbeffekte und Details. Es gibt eine nette Bar, in der Sie auch frühstücken können.
57, rue Antoine Dansaert, T 02 833 30 40, www.hotelcafepacific.com, DZ ab 89 €

Ausgesprochen vielseitig
Jam Hotel Karte 3, F 8/9
Als Location dient ein älteres Haus, ehemals eine Kunstschule. Mit viel Kiefernholz designte Räumlichkeiten, hier und dort mit unverputzten Backsteinwänden und wie ursprünglich belassenen Betonbauelementen. Bestens ausgestattete Zimmer für eine, zwei oder mehrere Personen, darunter sogar ein Schlafsaal, ein Spielzimmer für Kinder und Erwachsene, ein Restaurant und oben auf dem Dach eine Bar (eine weitere ist im

Hier wird der Aufenthalt garantiert zum Kunsttrip: im Hotel Bloom!

Haus); Sonnenterrasse und Dach-Swimmingpool. Und der Name? Das Hotel heißt Jam (engl. *to jam* = stopfen), weil hier alles Erdenkliche untergebracht ist. Skateboards, Fahrräder, ein Handy und sogar Yogamatten können ausgeliehen werden.

132, chaussée de Charleroi, T 02 537 17 87, www.jamhotel.be, DZ 90–129 €

Elegant
Made in Louise F 8

Die 48 individuellen Gästezimmer in diesem stattlichen Herrenhaus sind lichtdurchflutet, überwiegend in weißen und hellen Farbtönen gehalten. Aufsteigend nach Größe und Einrichtung werden die Zimmerkategorien als Cosy (nur für eine Person), Mystery, Comfort, Charming und Executive bezeichnet. Akzentuierendes Dekor und stilvolle Designermöbeln verleihen den Räumen ein harmonisches Ambiente – hier fühlt man sich sofort wohl. In der Bibliothek kann man auch Billard spielen, im Garten bei schönem Wetter Schach mit großen Bodenfiguren und für das Frühstücksbuffet kann man nur Bestnoten vergeben.

40, rue Veydt, T 02 537 40 33, www.madeinlouise.com, DZ ab ca. 105 €, Frühstück (optional) 12,50 €/Pers.

Hippes Haus mit viel Rot
Monty Small Design Hotel
östlich M 6

Das kleine Hotel im Europaviertel kombiniert zeitgenössisch-klassisches Design mit kühner Farbgebung und liebevollen Details. So ist eine nahezu surreale Atmosphäre entstanden. Es gibt eine gemütliche Lounge und einen kleinen Garten und zum Frühstück treffen sich die Gäste am großen Tisch. Wer Rot nicht mag, wählt besser ein anderes Domizil, denn dies ist im Monty bis hin zu den Treppenläufen die dominierende Farbe.

101, bd. Brand Whitlock, T 02 734 56 36, www.monty-hotel.be, DZ ab 64 €

Ein Hauch von Romantik
Mozart Karte 2, E 4

Mozart-Porträts an den Wänden, antike Louis-XV.-Möbel und ein Klavier – die opulente Lobby ist ein Augenschmaus. Die Zimmer sind im gleichen Stil möbliert und komfortabel, eher klein, aber fantasievoll in schräge und schma-

le Räume eingebaut. Es gibt auch Drei- und Vierbettzimmer. Im Winter dürfen auch schon mal obdachlose Menschen in den sonst leer stehenden Zimmern des Hotels übernachten.
23, rue Marché aux Fromages, T 02 502 66 61, www.hotel-mozart.be, DZ 120 €

Mit nautischen Antiquitäten
Noga Karte 2, E 2
Kleines Hotel mit 19 Zimmern zwischen Fischmarkt und Beginenkirche. Lobby mit Segelschiffchen und nautischem Nippes, die einfachen Zimmer sind etwas klein. Im Frühstücksraum streicht manchmal die majestätische Hauskatze umher. Auch Drei- und Vierbettzimmer. Mit Comics können Sie sich auf die vielen Comic-Wandbilder in Brüssel einstimmen.
38, rue du Béguinage, T 02 218 67 63, www.nogahotel.com, DZ 130 €, am Wochenende 85 €

Farbenfrohes Boutique-Hotel
Pantone E 7
Hier farbenprächtig, dort dezent, stets überraschend – in den Farben von sieben Farbpaletten gestaltet, von den Fluren und Zimmern bis zum Mobiliar – und sogar bis hin zu den Kaffeetassen. An den Wänden hängen großformatige Bilder eines Fotokünstlers, die ebenfalls das Thema Farbe in den Blick rücken. Klasse!
1, pl. Loix, T 02 541 48 98, www.pantonehotel.com, DZ ab 72 €

Im Herzen von Brüssel
Hotel Résidence Le Quinze
Karte 2, E 4
Einfach, aber in sensationeller Lage: direkt in der Maison des Ducs de Brabants (Haus der Herzöge von Brabant), dem prächtigen Haus, das die ganze Ostseite der Grand-Place einnimmt. Die Zimmer nach vorn haben nicht nur die privilegierte Aussicht, sondern sind auch etwas größer und schöner als die Zimmer nach hinten. Die bodentiefen Sprossenfenster geben den Blick frei auf die ganze Pracht des Platzes mitsamt dem nach Tageszeiten wechselnden Trubel. Das reichliche Frühstück wird entweder im Zimmer serviert oder im Restaurant La Brouette auf der anderen Seite des Platzes.
15, Grand Place, T 02 511 09 56, www.hotel-le-quinze-grand-place.be, DZ ab ca. 98 € (nach hinten), ab ca. 148 € (Blick auf die Grand-Place)

Mit Charme und Fantasie
Sgt. Pepper's B&B G 6
Ein Hauch von THE BEATLES – Sie können in Ringo's, Lennon's, McCartney's oder Harrison's Zimmer übernachten. Die waren zwar nie hier, doch sind die Zimmer und Studios mit schönen Bildern der Stars dekoriert und sehr elegant und originell designed.
19, rue de Londres, T 02 470 04 40 41, www.sgtpeppersbnb.com, DZ ab 130 €

Glamping im Hotelhof
Vintage Hotel F 7
Außen authentisch, innen modern mit Dusche, WC, großem Bett, kleinem 1950er-Jahre-Salon mit Kabel-TV und iPod-Docking – der Airstream-Wohnwagen von 1959 mit der silberglänzenden Alu-Außenhaut ist genau so alt wie das Atomium und lädt im Hof des backsteinernen Stadtpalais zum Glamping, dem Glamour-Camping, ein. Oder nisten Sie sich in einem der ›Vintage‹-Zimmer mit Golden-Sixties-Interieur und Op-Art-Tapeten, aber absolutem up-to-date-Komfort ein.
45, rue Dejoncker, T 02 533 99 80, www.vintagehotel.be, DZ ab 80 €, Camper ab 175 € (Preise variieren)

Fabelhafte Märchenwelten
Welcome Hotel Karte 2, E 3
Weltreise gefällig? Die 17 Zimmer des Hotels sind unterschiedlich eingerichtet und spiegeln jeweils die Kultur eines Landes wieder: »Kenia« prunkt mit einem Zebrafell, »Marokko« mit bunten Lämpchen, »Kongo« mit einem Moskitonetz über dem Bett, Bali, Marrakesch, Japan, Tibet, Thailand … Wer sich nicht entscheiden kann, bucht das Jules-Verne-Zimmer mit Balkon und den Souvenirs einer Reise um die ganze Welt. Pro Gast stiftet das Besitzerpaar einen Baum in Madagaskar.
23, quai au Bois à Brûler, T 02 219 95 46, www.hotelwelcome.com, DZ 130–185 € (evtl. günstiger am Wochenende), auch 3- u. 4-Bettzimmer

EU-Gourmetmetropole

Es hat sich schon lange herumgesprochen: In Brüssel kann man ganz vorzüglich speisen. Die Anzahl der Restaurants ist phänomenal und spiegelt das Vergnügen wider, außerhalb der eigenen vier Wände zu essen. Nun ist die belgische Küche ohnehin eine glückliche Ehe zwischen flämischer Deftigkeit und französischer Raffinesse. In Brüssel kommt noch die ambitionierte Küche hinzu – und die große Auswahl an Gerichten aus aller Herren Länder.

Meist entspricht die Menüfolge dem französischen Vorbild: Als *entrée* wählt man Kroketten mit Käse oder Garnelen, eine Pastete oder kleine Quiche, einen Salat oder eine Suppe. *Plat principal* ist Fleisch oder Fisch, häufig mit Fritten. Das Dessert ist oft nicht weniger üppig: Eis, Kuchen oder eine Creme. Mittags isst man eher eine Kleinigkeit, ein Sandwich, ein kleines Pastagericht, eine Suppe. Cafés haben diese, meist hausgemacht, schon immer serviert. Hinzugekommen sind unzählige Sandwichbars und Suppenküchen, wo es Baguettes mit einem großen Angebot an Belägen und leckere hausgemachte Suppen gibt.

Trendy sind die Food Trucks, die an zahlreichen Plätzen aufkreuzen und mit ihren kreativen Speisen verblüffen. Und dann ist da ja auch noch die beliebte *fritkot,* die Frittenbude, wo man knusprige, hausgemachte Pommes frites in der Papiertüte bekommt, mit leckeren Soßen.

Sahne obendrauf und ein paar ›Alibi-Vitamine‹ – und fertig ist sie, die köstliche belgische Waffel.

ZUM SELBST ENTDECKEN

Marché aux Poissons
Fisch, Muscheln, Meeresfrüchte und Hummer – wo einst der Stadthafen war mit seinen Spelunken und Fischbratereien, finden Sie heute zahlreiche Fischrestaurants, vom einfachsten Familienbetrieb bis zum Edelrestaurant mit Hummerspezialitäten.

Rue des Bouchers
In der ›Straße der Metzger‹ reihen sich Dutzende Restaurants aneinander. Hier werden schon morgens draußen auf Tischen Fisch, Muscheln und Meeresfrüchte auf Eis gebettet und mit Möhren und Selleriestangen dekoriert, ein Augenschmaus, der zum Besuch der Lokale animieren soll. Bei gutem Wetter können Sie draußen sitzen und die mediterrane Atmosphäre genießen.

SO BEGINNT EIN GUTER TAG IN BRÜSSEL

Mit dem leckersten Baguette

Tonton Garby Karte 2, E/F 4

Der Laden ist klein. Er ist oft voll. Wer wartet, kann sich an den vielen Zetteln mit Sprüchen des Besitzers erfreuen, die überall angebracht sind – und wird dann mit einem der leckersten Baguettes (ca. 3–6,50 €) von ganz Brüssel belohnt.

6, rue Duquesnoy, T 04 84 29 02 16, Mo–Fr 10–17 Uhr

Mit Kaffee aus Äthiopien

Aksum Coffee House Karte 2, F 4

Ein Hauch von Afrika: Espresso, Café, Cappuccino – authentisch aus hausgerösteten äthiopischen Kaffeebohnen. Und vielleicht ein Stück Passionsfruchtkuchen dazu. Es gibt auch afrikanische Fair-Trade-Getränke: Kräutertees aus dem Senegal, Softdrinks von der Elfenbeinküste, Baobab-Getränke – für später am Tag äthiopisches Bier.

3, Galerie du Roi, T 02 473 85 41 66, tgl. 9–21, Sa bis 22 Uhr

Mit dem pochierten Frühstücksei

Peck 47 Karte 2, E 3

Herzhaft oder süß – in diesem kleinen, gemütlichen Café bekommen Sie köstliche Sandwiches, Smoothies, Müsli mit griechischem Yoghurt, herzhafte Suppen, Tiramisu, Waffeln und mehr. Die pochierten Eier mit Sauerteigbrot sind ein Gedicht. Bei schönem Wetter können Sie auch draußen sitzen. Und das Ganze ist nur einen Steinwurf von der Grand-Place entfernt.

47, rue Marché aux Poulets, T 02 513 02 87, Mo–Sa 9–22, So 9–21 Uhr

Mit einem Frühstücksbier

Café La Brocante D 6

›Der frühe Vogel ...‹: Frühmorgens auf der Suche nach Schnäppchen über den täglichen Flohmarkt auf der Place du Jeu de Balle schlendern, dann zum Frühstück ins La Brocante, gleich an der Ecke. Draußen sitzend kann man das Treiben weiter verfolgen, bei einem ›La Brocante-Sandwich‹ mit hausgemachtem Hackbraten, Käse und Zwiebeln oder dem ›Toast Kannibal‹. Und dazu – warum nicht? – ein leckeres belgisches Frühstücksbier. Natürlich kann man auch zu anderen Tageszeiten hierher kommen.

170, rue Blaes, T 02 512 13 43, Mo–Fr 6–21.30, Sa 6–18, So 6–19 Uhr

Mit Aussicht

Le Pain Quotidien Karte 2, F 4

Frühstücken und dabei den Passanten und dem Treiben in der überdachten Galerie zuschauen – einfach in die Atmosphäre eintauchen. Sauerteigbrot aus steingemahlenem, vollwertigem Getreide, Meersalz und Wasser an einem gemeinsamen langen Tisch genießen, das ist die Idee von Le Pain Quotidien, auf Deutsch ›Das tägliche Brot‹. Natürlich gibt es hier zum Frühstück mehr als nur Brot. Etwa Pilz- und Käseomelettes, Müsli mit Früchten und Biojoghurt, weitere Brotsorten, gluten- und laktosefreie Kost ...

11, Galerie de la Reine, T 02 502 02 20, www.lepainquotidien.be, Mo–Sa 7–19, So ab 8 Uhr

Mit einem Frühstück à la Suisse

Au Suisse Karte 2, E 4

Die Brüsseler nennen das Lokal auch ›Chez Togni‹, nach Madame Togni, die den Laden – er ist das älteste Frühstückslokal Brüssels – 1873 gegründet hatte, schräg gegenüber der heutigen Börse. Und in der Tat, hierher kommt neben Touristen auch so mancher Einheimische, um ein knusprig-frisches Baguette, einen leckeren Salat oder ein Süppchen zu essen. Bestellt wird am Tresen, wo man sich sein Baguette aus zahlreichen Belägen zusammenstellen lässt. Alternativ wählt man ein Schweizer Frühstück. Anschließend kann man auch auf einem der aufgereihten Barhocker-ähnlichen Stühle Platz nehmen oder im Sommer gemütlich draußen sitzen.

73, bd. Anspach, T 02 512 95 89, www.ausuisse.be, Mo–Fr 7.30–18, Sa 10–19 Uhr

WO ESSEN AUF NACHHALTIGKEIT TRIFFT

Lokalkolorit
Arcadi Café Karte 2, F 4
Nettes Café mit gemütlicher Atmosphäre und Charme, wo man viele einheimische Stammgäste und Besucher antrifft. Meist ist es sehr voll, doch irgendwas geht immer. Tolle Quiches und Tartes nach italienischer, arabischer und französischer Art. Auch zahlreiche vegetarische Gerichte, ebenso wie Steaks, Lasagne und *Moules et frites* (Muscheln mit Pommes). Das Richtige, bevor es abends zurück ins Hotel geht.
1b, rue d'Arenberg, T 02 511 33 43, www.arcadicafe.be, Di–So 9–23.45 Uhr

Nachhaltig
La Quincaillerie Karte 3, F 9
Die Treppe mit dem eisernen Geländer, die Fächer mit hölzernen Schubladen, in denen sich Schrauben, Nägel und allerlei anderes Eisenzeug befanden, und natürlich der Name erinnern daran, dass dies früher ein Eisenwarenhandel war, entworfen 1903 von einem Schüler Victor Hortas. Jetzt befindet sich in der Halle ein stimmungsvolles Restaurant, 1978 von Antoine Pinto neu gestaltet. Anstelle von Nägeln und Werkzeug bekommen Sie Austern, Muscheln, Steaks und etliche andere Speisen serviert. Interessant ist das Business-Menü aus einem Hauptgericht und einer Vorspeise oder einem Dessert (17,95 €). Was die Küche betrifft, haben Umweltschutz und Nachhaltigkeit eine hohe Priorität: Alle vom Aussterben bedrohten Fischarten wurden von der Speisekarte verbannt; das Rindfleisch kommt von Tieren, die draußen und ohne Stress lebten; das Gemüse ist aus der Region. Geflügel-, Schweine- und Lammfleisch stammen vom eigenen Bauernhof Hoeve Le Devant. Die Weine kommen überwiegend von bio-dynamisch angebauten Rebstöcken und aus nachhaltigem Landbau.
45, rue du Page, T 02 533 98 33, www.quincaillerie.be, Mo–Sa 12–14, 19–23, So 19–22 Uhr

BRUSSELS FOOD TRUCK FESTIVAL

Jedes Jahr kommen am ersten oder zweiten Maiwochenende in Brüssel zahlreiche Food Trucks – gut althochdeutsch ›Imbisswagen‹ – zu einem bunten Festival zusammen. Dann reiht sich zur Freude der Besucher ein Wägelchen mit kulinarischen Köstlichkeiten an das andere, 2016 waren es mehr als 140 aus ganz Europa. Gar nicht so einfach, der Vielfalt aus innovativen, gewitzten, aber auch traditionellen Küchen zu widerstehen. Was für ein Genuss …
Termin und Ort siehe https://brusselsfoodtruckfestival.com

Veganes auf vier Rädern
Loving Hut Express – Food Truck
Karte 2, F 4
Am Ableger der internationalen Food-Truck-Kette bekommen Sie verschiedene Wraps, Burger, Suppen – auch Glutenfreies, alles zu fairen Preisen.
T 02 496 38 43 99; der VivaVega Food Truck steht Mo 12–14 Uhr am Blvd de l'Impératrice, vor der Cathédrale Sts-Michel-et-Gudule. Weitere Standorte s. facebook.

Von Fast Food zu fast good
EXKi Karte 2
Ketten-Schnellrestaurants, sofern man sie überhaupt als Restaurants bezeichnen kann, haben nicht das beste Image. EXKi fällt da aus dem Rahmen. Hier bekommen Sie eine große Auswahl an knackfrischen Salaten, Tartes, Baguettes, belegten Broten und mehr. Etliche Zutaten haben ein Biolabel, beim Angebot orientiert man sich nach der Saison.
EXKi Agora: 93, rue Marché aux Herbes, T 02 502 82 48, Mo–Fr 7.30–22, Sa/So 8–22 Uhr, Karte 2, E 4
EXKi Bourse: 2, pl. de la Bourse, T 02 512 33 50, Mo–Fr 7–22, Sa/So 8–22 Uhr, Karte 2, E 4
EXKi Ravenstein: Galerie Ravenstein 42, T 02 513 95 12, Mo–Fr 7–18 Uhr, Karte 2, F 4
Alle Filialen in Brüssel finden Sie unter www.exki.be

Die Imbissbude von ehedem nennt sich jetzt Food Truck und ist populärer denn je.

Jeden Tag anders

Dolma Karte 3, H 8

Vegetarisches Essen als Quelle der Inspiration: Dieses reizende Restaurant mit vegetarischen und veganen Gerichten bietet jeden Tag andere Speisen, wie Salate, Suppen und Quiches, aus lokalen Produkten der Saison. Was es gibt, können Sie aus der Tageskarte auf der Homepage ersehen. Sie können à la carte speisen oder das Buffet wählen (mittags mit einem Dessert 19 €, abends ohne/mit einem Dessert 21/25 €).
Im gleichnamigen Bioladen auf der anderen Straßenseite gibt es eine Fülle an Obst, Gemüse, Tees, Getränken, Brot und Käse.

329, chaussée d'Ixelles, T 02 649 89 81, www.dolma.be, Di–Sa 12–15 (Buffet bis 14), 19–23 Uhr (Buffet bis 21.30) Uhr, 7 Borgval

Oriental Natural Eatery

Horia Karte 2, E 4

Kleines, charmantes Restaurant, ein Steinwurf von der Börse entfernt. Sommertags stehen auch zwei-drei Tischchen draußen. Leckere marokkanisch-libanesische, vegetarische Gerichte, alle Zutaten sind Bio. Es gibt auch etwas mit Fisch oder Fleisch. Eine ausgezeichnete Wahl: Assiette orientale, orientalische Platte mit Hummus, Labneh, Tabouleh, Ziegenkäse oder Kefta, 11,90 €.

7 Borgval, T 02 502 08 48, www.horia.be, Di–Sa 12–14.30, 18–22.30 Uhr

Institutionen und Szenetreffs

Ein Gedicht

Belga Queen Karte 2, E 3

In dem denkmalgeschützten Gebäude aus dem 18. Jh. befand sich zuerst das Hotel de la Poste, dann die Bank Crédit du Nord, jetzt ist hier das Restaurant Belga Queen zu finden – dank des Stardesigners Antoine Pinto. Sein Spezialgebiet: die Gestaltung von Hotels, Restaurants und Cafés. Der Sohn politischer Flüchtlinge aus Portugal hat dem Bau neues Leben eingehaucht, hat stylishes Design mit Gastronomie vereint. Kein Wunder, war er doch selbst Koch und hatte 1976 sein erstes Restaurant. Im Restaurant unter der erhabenen Deckenwölbung, durchbrochen von großen, farbigen Bleiglasfenstern, harmonieren Interieur, Licht und Akustik miteinander. Die Küche ist belgisch, die Zutaten kommen aus der

Region, selbst die Weine stammen von belgischen Weinproduzenten. Unnötig zu erwähnen, dass alle Zutaten für die Speisen von höchster Qualität sind. Den Business-Lunch gibt es für 25 €. In der Oyster Bar stimmt ein plätschernder Wasserfall auf die Meeresfrüchte ein, in der Bier-Bar gibt es belgische Biere, darunter natürlich die belgischen Trappisten-Biere. Nach dem Dinner erwartet der Club unten in den Gewölben den Gast mit Cocktails, Drinks und Havanna-Zigarren.

32, rue fossé aux loups, T 02 217 21 87, www.belgaqueen.be, Mo–Do 12–14.30, 18.30–23, Fr bis 24, Sa 18.30–24 Uhr

Urige Taverne

In 't Spinnekopke D 4

Holztafelwerk, alte Bierreklame an den Wänden, Trödel, massive Holztische und Bänke – das Spinnekopke, die ›kleine Spinne‹, ist eine der ältesten Schänken der Stadt. Sie können aus 100 belgischen Bieren wählen und es stehen viele belgische und Brüsseler Gerichte wie *lapin à la gueuze* (ca.19 €) auf der Karte, überhaupt wird hier viel in belgischem Bier gekocht. Dazu ein Dutzend Muschelgerichte (ab ca. 13–28 €) und viel Fisch. Hierher kommen viele Einheimische, aber auch viele junge ›Bobos‹.

1, pl. du Jardin aux Fleurs, T 02 511 86 95, www.spinnekopke.be, Mo–Fr 12–14.30, 18.30–23, Sa/So 18.30–23 Uhr

Desserts als Miniaturkunstwerke

Pariser Bistroflair

L'Ogenblik Karte 2, E/F 4

Seit über 40 Jahren vor Ort – das Café am Anfang der Galerie des Princes ist eine Institution! Doch was ist hier wohl mit ›Augenblick‹ gemeint? Soll man etwa nur einen Augenblick verweilen? Oder – carpe diem – jeden Augenblick genießen? Die Fenster mit Spitzen-Vorhängen, die Tische mit Marmorplatten auf gusseisernen Gestellen, die holzgetäfelten Wände mit Spiegeln, die vielen Plakate – ein Lokal voller Charme mit Pariser Bistro-Atmosphäre. Hier sollte man unbedingt länger als nur einen Augenblick verweilen. Die Speisen sind nicht ganz billig, aber den Euro wert und durchaus kreativ – die Palette reicht von Carpaccio bis Kalbsbries. Übrigens: Der weiße Sand auf dem Boden geht noch auf die alten Zeiten zurück, als die Gäste in den Bistros Tabak kauten und ihn anschließend auf den Boden spuckten. Dank Sand ließ sich das Lokal dann leichter auskehren.

1, Galerie des Princes, T 02 511 61 51, www.ogenblik.be, tgl. außer So 12–14.30, 19–24 Uhr, Hauptgericht ab 23 €

Stylish

Callens Café Karte 3, H 10

Chic und stylish ist es hier, im Sommer werden die Tische für die Gäste auch auf den Rasen gestellt. Beliebter Szenetreff mit typisch Brüsseler Brasserieküche: Pasta und Wokgemüse, Fisch, Fleisch und Meeresfrüchte. Sicherheitshalber reservieren! Sie können aber auch an der Bar warten, bis etwas frei wird.

480, av. Louise, T 02 647 66 68, www.callenscafe.be, Mo–Fr 12–15, 18.30–23, Sa 19–23, Bar 10–2 Uhr, Hauptgericht ab ca. 18 €

EXPERIMENTIERFREUDIG UND UNGEWÖHNLICH

Nette Mischung

L'Atelier en ville Karte 2, E 5

Restaurant, Kunstgalerie, Blumen- und Fashion-Laden in einem. Das großräumige Atelier ist bestens geeignet für eine Pause zwischendurch. Sie können sich Kunst anschauen, sich dann – die Treppe rauf – im Bobo-style-Fashion-Shop umschauen und schließlich bei einem

Genialer Dreiklang aus Ambiente, Ausblick und Küche: Restaurant Atomium

Stück leckerer Feigentarte oder Quiche, einem Bagel, einem Stück Kuchen, begleitet von einem Kaffee oder einem Smoothie, entspannen – auch draußen im netten Innenhof.

64, rue Haute, T 02 514 04 80, www.latelierenville.com, Mi–Fr, So 10–18, Sa bis 19 Uhr

Selbstbedienung

Green Kitchen CAFÉ @ Quai01

D 1

Hier kann man prima frühstücken und lunchen, das Richtige für Greenies – große Salatbar mit frischen Salaten, heiße und kalte Gerichte für Veganer und Vegetarier, Joghurt, Früchte, Müsli, take-away-Kaffee, täglich wechselnde Menüs, und für den, dem danach ist, auch Fisch und Fleisch. Zum Mitnehmen oder hier speisen, mit schöner Aussicht auf den Kanal.

1a, av. du Port, T 02 377 28 23, www.greenkitchen.be, Mo–Fr 7.30–16 Uhr

Spektakulär

Atomium Karte 4

Dies ist in Europa einer der außergewöhnlichsten Orte zum Speisen: Das Panoramarestaurant in der obersten Kugel des Atomiums – in 100 m Höhe. Die tolle Aussicht ist garantiert, denn in dem Restaurant gibt es nur Fensterplätze. Die Cuisine von Chefkoch Alexandre Masson bietet je nach Saison u. a. belgische Spezialitäten wie *carbonnades à la flamande* (in Bier gegartes Rindfleisch), *asperges blanches à la flamande* (Spargel flämischer Art), *jambon d'Ardenne* (Ardenner Schinken), *boudin noir* (Brüsseler Blutwurst) oder *moules* (Muscheln). Reservieren Sie am besten! Wer nur in das Restaurant möchte und reserviert hat, braucht nicht auch noch den Eintritt zu zahlen.

LECKER SPEISEN IM MUSEUM

In einigen Brüsseler Museen können Sie in den angeschlossenen Brasserien oder Restaurants sehr gut einen Happen zu sich nehmen oder auch ausgedehnt speisen: Im **Comic-Museum** in der Brasserie Horta (► S. 96), im **Musikinstrumenten-Museum** im Restaurant du MIM, in den **Musées royaux des Beaux-Arts** im Museum Café und der Museum Arts Brasserie und im **Palais des Beaux-Arts** in der Brasserie BOZAR.

Auch jenseits der Kochbuchwelt passen Essen und Lesen wunderbar zusammen: Überzeugen Sie sich selbst davon im Restaurant Cook & Book.

Sq. de l'Atomium, T 02 479 58 50, www.atomiumrestaurant.be, Mo–Sa 12–15, 19–21.30, So 12–16.30 Uhr, Hauptgericht ab 30 €

Bei Tim & Struppi

Brasserie Horta Karte 2, F 3

Hier erwartet den Gast gleich ein dreifacher Genuss: Comic-Freaks werden von der Comic-Ausstellung begeistert sein, befindet sich die Brasserie doch im Comic-Zentrum. Architektur- und Kunstbegeisterte können faszinierende Details des Jugendstils entdecken, da sich das Museum in einem 1906 von Victor Horta gestalteten Art-nouveau-Gebäude befindet. Und dann natürlich beeindruckt die Brasserie mit ihrem schönen Art-nouveau-Interieur und den leckeren Speisen, wobei sich häufig typisch belgische Gerichte wie *carbonnades à la flamande* (in Bier geschmortes Fleisch) oder *frites Américaines* auf der Speisekarte finden.

20, rue des Sables, T 02 217 72 71, www.brasseriehorta.be, tgl. 10–18 Uhr, Hauptgericht ab ca. 15 €, Pasta 10–15 €, Kids Menü 10–12 €

Zwischen den Büchern

Cook & Book östlich M 4

Lunchen mitten in einem riesigen Buchladen mit neun verschiedenen Abteilungen, jede mit einem eigenen Dekor – wobei mitten in der Kochbuchabteilung auch noch ein Fiat 500 Platz gefunden hat und Ardenner Schinken hängen. In der Abteilung für Belletristik hängt die Decke voller Romane und in der für Reiseliteratur steht ein glänzend polierter Airstream-Wohnwagen. Sie können zwischen den Büchern frühstücken, brunchen, lunchen und dinieren. Aber Achtung: Jedes Buch, das Sie an den Tisch nehmen, muss an der Kasse bezahlt werden! So lautet die Regel.

1, pl. du Temps Libre, Woluwe-Saint-Lambert, T 02 761 26 00, www.cookandbook.com, Salate 14–16 €, Hauptgericht ca. 13–27 €; weiterer, kleinerer Cook-&-Book-Laden in Uccle (1357, chaussée de Waterloo)

Judasohr und Schafsfuß

Café des Spores südlich D 8

Eigentlich müsste das Restaurant in der stimmungsvollen alten Weinhandlung ja ›Café des Champignons‹ heißen, denn – der Name deutet es vielleicht nur demjenigen an, der im Biologie-Unterricht aufgepasst hat – die Spezialität sind Gerichte mit Pilzen. Und die gibt es hier in allerlei köstlichen Variationen: mit Pilzen wie dem Ju-

dasohr *(l'oreille de Judas)*, Pfifferlingen (*chanterelles* und *girolles*), Schüpplingen *(pholiotes)*, Schafsfuß *(pied de mouton)*, Silberohr und dem ordinären Champignon, um nur einige zu nennen. Und vom Pilz aller Pilze, dem Trüffel *(truffe)*, ist hier und dort ebenfalls etwas dabei. Das Lokal ist natürlich auch ein gutes Terrain für Vegetarier. Zu empfehlen ist das Vier-Gänge-Menü (35 €), für das Sie aber etwas Zeit und Geduld mitbringen sollten – wobei man die Zeiten zwischen den Gängen einem edlen Rebtropfen widmen kann, von denen gibt es hier reichlich.
103, chaussée d'Alsemberg, T 02 534 13 03, www.cafedesspores.be, Mo–Sa 19–23 Uhr

Mobil
Il Sapora Della Dolce Vita
Wenn man weiß, wo er steht, ist er leicht auszumachen, der Food Truck der netten Italienerinnen: Nämlich dort, wo sich eine Gruppe von Leuten um einen gelben Lieferwagen geschart hat, um »il sapora della dolce vita«, ›den Geschmack des süßen Lebens‹, auf der Zunge zu haben. Und der kommt beim Genuss der hier servierten herzhaften *piadine*, der dünnen Fladenbrote aus der italienischen Romagna-Region, die u. a. mit Parmesan, Ricotta, Squacquerone, Mortadella, Parmaschinken und Salat gefüllt sind, ganz gewiss auf. Es gibt auch süße Piadine mit Ricotta und Nutella oder Konfitüre. Der Food Truck ist je nach Wochentag an einem anderen Ort zu finden.
Mittwochs von Mittag bis 20 Uhr auf der Place du Châtelain; für weitere Termine am besten bei Facebook nachschauen

Angesagt
Toukoul Karte 2, E 3
Masken, Kalebassen und allerlei Gegenstände aus Afrika an der Decke, dunkles Holz, in verschiedenen Schattierungen an den Wänden. Das verleiht dem äthiopischen Restaurant, benannt nach der traditionellen Lehmhütte in Äthiopien, einen Hauch von Exotik. Hier zu speisen, ist mehr als nur essen, es ist eine umfassendere äthiopische Erfahrung. Wer noch nie ein äthiopisches Gericht gegessen hat, wird überrascht sein von dem ungewöhnlichen, aromatischen Geschmack. Gegessen wird mit den Fingern, wobei das *Injero*, das weiche Fladenbrot, als Besteck dient. Fragen Sie einfach, wie man es macht, die freundliche Bedienung wird es Ihnen gerne zeigen.
34, rue de Laeken, T 02 223 73 77, www.toukoul.be, Mo–Mi 18–22.30, Do 12–14.30, 18–22.30, Fr 12–14.30, 18–23, Sa 12–15.30, 18–23, So 12–15.30, 18–22.30 Uhr

KARTOFFELSTÄBCHEN IM CORNET

Brüsseler Fritkots
Für Belgier ist es ein grauenhafter Gedanke, Fritten in einer Plastikschale serviert zu bekommen. Fritten werden an den *fritkots*, den Brüsseler Frittenbuden, im *cornet* serviert, der Papiertüte. Die saugt Fett auf, hält die Fritten und bei Kälte die Finger schön lange warm. In vielen umliegenden Kneipen darf man sich mit der Pommestüte an den Tisch setzen und ein Bier genießen. Fritten gibt es in Brüssel an fast jeder Ecke. Doch wo gibt es die besten? Vielleicht dort, wo die Schlange der Wartenden am längsten ist? Fragt man Brüsseler, hat jeder seinen Favoriten. Diese *fritkots* sind immer dabei, aber die Liste ist wesentlich länger:

Maison Antoine J/K 6
1, pl. Jourdan 1, So–Do 11.30–1, Fr/Sa bis 2 Uhr

Fritland Karte 2, E 4
49, rue Henri Maus, So–Do 11–1, Fr/Sa bis morgens

Friture Pitta de la Chapelle Karte 2, E 5
Place de la Chapelle, Mo–Sa 12–23 Uhr

Friterie Tabora Karte 2, E 4
2, rue de Tabora, Mo–Sa 11–18, So bis 24 Uhr

Frit'Flagey Karte 3, H 8
Place Eugène Flagey, Di–Do, So 11.30–24, Fr/Sa bis 2 Uhr

Zum Shoppen nach Brüssel?

Aber ja! Denn in der belgischen Hauptstadt kann man richtig gut, wenn auch nicht überall billig, einkaufen. Hier gibt es bunte Märkte, Mode-Shops mit Markenkleidung und Accessoires und auch Liebhaber von Antiquitäten, Tand und Trödel finden hier ihr Eldorado, denn Belgien hat eine Flohmarktkultur entwickelt, die ihresgleichen sucht. Neben Floh- und Antiquitätenmärkten gibt es zum einen große und kleine Läden, die alles anbieten, was anderswo Rost oder Staub ansetzen würde, zum anderen auch Spezialisten, die ausschließlich mit Hüten oder mit Spazierstöcken handeln – und tatsächlich Käufer finden.

Lust auf Afrika? In der Gegend zwischen Chaussée d'Ixelles und Chaussée de Wavres leben viele Afrikaner, insbesondere aus dem Kongo. Matongé nennt sich das Viertel inoffiziell, nach einem Stadtteil von Kinshasa. Hier gibt es Läden mit afrikanischen Lebensmitteln, CDs und DVDs, Schmuck und Stoffen sowie Restaurants mit afrikanischer Küche.

Vollends in eine afrikanische Welt taucht ein, wer durch die Galerie d'Ixelles bummelt. Hier reiht sich ein Friseur an den anderen, hier werden Zöpfe geflochten und Muster in Kurzhaarschnitte geschoren. Dazwischen logieren etliche Geschäfte mit farbenprächtigen afrikanischen Stoffen und kleine Teestuben.

Mode und Schokolade – bei der Schokoladenmesse in Brüssel werden beide Themen gern mal kombiniert.

ZUM SELBST ENTDECKEN

Kunst- und Antiquitäten finden Sie in den Straßen rund um den **Grand Sablon.** Hier gibt es alles, von Biedermeiermöbeln über Tribal Art bis zu zeitgenössischer Kunst. Antiquitäten, Kuriosa und Trödel bieten Läden in den Straßen rund um die **Place du Jeu de Balle,** wo der tägliche Flohmarkt stattfindet.

Warenhäuser wie C&A oder H&M sind in der **Rue Neuve** angesiedelt, Mode renommierter internationaler Häuser in der **Avenue Louise,** am **Boulevard de Waterloo** und in der **Chaussée d'Ixelles.** Sehr elegante Stücke gibt es in den **Galeries Royales St-Hubert.** Das Mekka der Fans belgischer Designermode ist die **Rue Antoine Dansaert,** die **Rue du Midi** ist bekannt für kleine, kuriose Geschäfte aller Art.

BÜCHER UND MUSIK

Alles auf Englisch

Waterstones Karte 2, F 2

In der Buchhandlung für englische und amerikanische Literatur finden Sie Neuerscheinungen, Klassiker, Kinderbücher, Computerhandbücher, Fachbücher aus Wissenschaft und Technik sowie alle gängigen Zeitschriften.

71, bd. Adolphe Max, T 02 219 27 08, www.waterstones.com, Mo–Sa 9–19, So 10.30–18 Uhr

Comics

Multi BD Karte 2, E 4

La bande dessinée, kurz BD, ist die neunte Kunst! In dem Laden macht Stöbern Spaß. Suchen und finden können Sie hier neue und gebrauchte Comics oder *graphic novels* auf Französisch, Flämisch und Englisch – einige auch aus den USA. Dazu Drucke, Mangas, Figuren u. v. m., kurz gesagt alles, was das Herz eines Comic-Fans begehrt.

122–124, bd. Anspach, T 02 513 72 35, bulledor.blogspot.com, Mo–Sa 10.30–19, So, Fei, 12.30–18.30 Uhr

Der Reisespezialist

Anticyclone des Açores

Karte 2, F 3

Fernweh, Lust auf Reisen, auf Urlaubmachen, auf ›Einfach-mal-raus-aus-dem-Alltag‹ – hier ist alles rund um das Thema versammelt: Reiseführer auf Niederländisch, Französisch und Englisch, Reiseerzählungen, Fotobände, Globen, Karten und Bücher zur Kulturgeschichte ferner Länder.

34, rue du Fossé aux Loups, T 02 217 52 46, www.anticyclonedesacores.be, Mo–Sa 11–18 Uhr

Von Bach bis Stockhausen

La Boîte à Musique Karte 2, F 5

Das international renommierte Fachgeschäft ist eine hervorragende Adresse für klassische Musik – Platten, CDs, Noten, Bücher. Sie können auch Suchanfragen über das Internet machen.

74, rue Coudenberg, T 02 513 09 65, www.classicalmusic.eu, Mo–Sa 9.30–18.30, So 11–17.30 Uhr

Comic-Fans müssen sich in Brüssel nicht hinter Büchern verstecken – die ›neunte Kunst‹ ist höchst respektiert.

Fundgrube für Vinyl

Juke Box Shop Karte 2, D 4

Sie nimmt Platz weg, kratzt und rauscht eventuell, doch die alte Schwarze aus Vinyl ist wieder im Kommen – Musik analog. Und für alle, die zu Hause noch oder wieder einen Plattenspieler haben, ist dieser Laden eine wahre Fundgrube. Es gibt LPs und Singles aus zweiter Hand. Die Auswahl ist riesig, jede nur denkbare Musikrichtung ist vertreten. Wenn Sie schon auf der Homepage etwas suchen möchten, werden Sie kaum Glück haben – die funktioniert nicht so recht.

165, bd. Anspach, T 02 511 67 51, www.jukeboxshop.be, Mo–Sa 11–18 Uhr

Größte Buchhandlung der Stadt

Filigranes H 5

Riesige Auswahl an Büchern und Zeitschriften, auf Französisch, aber auch auf Englisch, Italienisch, Spanisch, Deutsch und Niederländisch – kurz gesagt: ziemlich international. Es gibt auch eine Sonderabteilung preisreduzierter Bücher, eine Kinderecke, eine Cafeteria und eine Weinbar. Schön, dass hier auch sonntags geöffnet ist.

39–40, av. des Arts, T 02 511 90 15, www.filigranes.be, Mo–Fr 9–20, Sa 10–19.30, So 10–19 Uhr

DELIKATESSEN UND LEBENSMITTEL

Traditionsbäcker
Maison Dandoy Karte 2, E 4
Die alte Bäckerei, die bereits seit 1858 besteht, ist schon für sich genommen sehenswert. Spezialitäten sind die hausgemachten Butterkekse, Mandelspekulatius und *pain à la grècque*, ein knuspriges, mit Hagelzucker bestreutes Zimtgebäck. Die Filiale in der Rue Charles Buls hat einen Tea Room.
31, rue au Beurre, T 02 540 27 02, www.maisondandoy.com; 14, rue Charles Buls, T 02 512 65 88, Mo–Sa 9.30–22, So 10.30–22 Uhr

Gaumenschmaus
Laurent Gerbaud Karte 2, F 4
In dem Laden gegenüber dem BOZAR kann man nicht nur die neuesten Schokoladenkreationen verkosten, sondern den Chocolatiers auch durch eine Glasscheibe bei der Arbeit zusehen. Die Pralinen mit dem chinesischen Schriftzeichen haben einen besonderen Clou: Sie enthalten kaum Zucker!
2d, rue Ravenstein, T 02 511 16 02, www.chocolatsgerbaud.be, tgl. 10.30–20 Uhr

Geschmackshandwerker in Aktion: Laurent Gerbaud

Die Geburt einer Praline
Planète Chocolat Karte 2, E 4
In dem kleinen Laden stellt Chocolatier Frank Duval seine Pralinen vor den Augen des Publikums her und experimentiert mit interessanten Aromen. Jeden Samstag ab 16 Uhr und Sonntag ab 15 Uhr (online reservieren) findet in der Chocolaterie eine kleine Veranstaltung rund um das Thema Schokolade statt, bei der die Besucher von A bis Z in das Reich der Schokolade, ihre Geschichte und ihre Fertigung eingeführt werden. Den krönenden Abschluss bildet die Verkostung hausgemachter Pralinen und heißer Schokolade. Eine fabelhafte Gelegenheit, den Maîtres Chocolatiers bei ihrer Arbeit über die Schulter zu schauen.
24, rue du Lombard, T 02 511 07 55, www.planetechocolat.be, Mo–Sa 10.30–18.30, So ab 11 Uhr

Käse und Ardenner Schinken
Catherine Karte 2, E 4
Nicht leicht, eine Auswahl aus den unzähligen hier versammelten Käsesorten aus der Milch von Kuh, Ziege oder Schaf zu treffen. Der Käse kommt aus Belgien, Frankreich, Spanien, Italien, der Schweiz, England, Irland ... Wenn Sie nicht genau wissen, was Sie suchen, sagen Sie es – man wird das Richtige finden und lässt Sie gewiss auch probieren. Und dann gibt es hier auch noch weitere Feinkost-Spezialitäten wie Ardenner Schinken und auch andere Sorten, leckeres Brot und mehr.
23, rue du Midi, T 02 512 75 64, http://fromagerie-catherine.be, Mo 8.30–17, Di–Sa 8.30–19.30 Uhr

Handgerollt, rauchig, hochprozentig
La Tête d'Or Karte 2, E 4
Handgerollte Zigarren u. a. aus Kuba, Nicaragua und der Dominikanischen Republik, Pfeifentabak und Zubehör, alles für den Liebhaber feinen Tabakgenusses. Aber auch hervorragende, teils seltene Whiskys, für die man allerdings schon einiges hinblättern muss. Gleiches gilt für den Rum aus aller Welt. Also vielleicht eher etwas für Sammler. Wussten Sie, dass es belgischen Whisky gibt? Und

japanischen? Bei La Tête d'Or können Sie beide kaufen. Man spricht übrigens gut Englisch und kennt sich hervorragend aus.
13, rue de la Tête d'Or, T 02 512 34 18, www.latetedor.com, Mo–Sa 10–18.30 Uhr

FLOH- UND STRASSENMÄRKTE

Secondhand- und Designer-Markt

Vintage Market Karte 2, D 4
In den backsteinernen Halles de St-Géry, Markthallen, die 1881 im Stil der flämischen Neorenaissance aus Eisen um einen Brunnen mit Obelisken errichtet wurden, findet jeden ersten Sonntag im Monat der Brussels Vintage Market statt – ein wahres Vintage-Paradies mit Secondhand-Klamotten, Accessoires, Deko, Vinyl-Schallplatten, Kleinmöbeln und mehr. In der schönen, von Retro-Rhythmen erfüllten Atmosphäre kann man auch Drinks und Snacks genießen.
Halles de St-Géry, https://brusselsvintagemarket.be, 1. So im Monat 12–19 Uhr

Weiteres Schicksal ungewiss …

Markt mit viel Atmosphäre

Marché du Châtelain
Karte 3, F 9
Auf diesem Markt gibt es frisches Obst und Gemüse, Käse und Fleisch, Oliven, Trüffel, Pilze, Beeren, hausgemachte Marmelade und Biobauernmilch-Produkte ebenso wie Blumen. Aber auf dem Châtelain geht es nicht unbedingt nur ums Einkaufen, es geht auch um die gemütliche Atmosphäre. Hier trifft man sich gerne auf einen Kaffee oder Wein. Es gibt Snacks aus dem Mittleren Osten, türkisches Brot, Eintopf aus dem Kongo …
Place du Châtelain, Mi 14–19 Uhr

Ü ÜBRIGENS

Der frühe Vogel fängt den Wurm
Wer auf dem Flohmarkt auf ein Schnäppchen hofft, der sollte besser, so wie es auch mancher Brüsseler hält, ziemlich früh am Morgen und nach Möglichkeit an einem Wochentag kommen. Und auch dann muss man schnell sein, denn frühmorgens klappern schon die Antiquitätenhändler mit sachkundigen Blicken die Stände ab – und zwar im Eiltempo. Am Wochenende kommen die meisten Touristen und die Preise sind dann auch oft deutlich erhöht.

Künstlerisch

Marché aux fleurs – Blumenmarkt Karte 2, E 4
Vor der schönen Kulisse des Rathauses und der alten Gildehäuser an der Grand-Place bieten Verkäufer auf dem Blumenmarkt Schnittblumen, Topfpflanzen und Kräuter an. Das ergibt ein schönes Fotomotiv, wie man an den vielen mit ihren Smartphones und Tablets fotografierenden Besuchern erkennen kann. Auch der eine oder andere Hobbymaler stellt hier seine Staffelei auf und fängt das farbenfrohe Treiben ein. Alle zwei Jahre (2020, …) wird die Farbenpracht noch übertroffen, wenn der gesamte Platz für wenige Tage in einen 1800 m^2 großen Teppich aus 750 000 blühenden Begonien verwandelt wird.
Grand-Place, tgl. außer Mo, Do 8–18 Uhr

Von Abalone bis Zucchini

Gare du Midi C 6
Hier duftet es schon von Weitem nach Curry, Zimt und Koriander. Auf diesem Markt verkaufen viele afrikanische und asiatische Händler die Zutaten für exotische Gerichte. Aber das ist längst nicht alles: Lebensmittel, Blumen, Tischwäsche und Kleidung gehören ebenfalls zur großen Angebotspalette.
Place Bara und Umgebung, So 6–13 Uhr

Noch Geschäftsreklame oder schon Installation? Sammelsurium von Stef Antiek.

GESCHENKE, DESIGN, ANTIQUITÄTEN, KURIOSES

Hochwertig

Costermans Antiques Karte 2, E 5

In dem Laden des renommierten Antiquitätenhändlers finden Sie Möbel, Leuchter, Gemälde und Kunsthandwerk, aber auch Kamineinfassungen, überwiegen aus dem 18. und 19. Jh.

5, pl. du Grand Sablon, T 02 512 21 33, www.costermans-antiques.com, Di–Sa 10–18 Uhr

Ethno-Kunst

Bali-Africa D 6

Ein Laden, vom Keller bis zum Dachboden so voll gepackt, dass man – Achtung! – leicht etwas umstößt! In dem alten Haus im Quartier des Marolles finden Sie in einem Labyrinth von engen Gängen, steilen Treppen und winzigen Räumchen diabolische Masken, Statuen, Schemel, Bongos, Voodoo-Accessoires, Phallusstatuen und Waffen aus Zentralafrika, Asien und Lateinamerika. Alles ein wenig verstaubt, aber absolut sehenswert und für diejenigen, die es ein bisschen mit den Geistern halten, eine wahre Fundgrube.

154, rue Blaes, Di–So 10–17 Uhr

Antiques & Vintage

Stef Antiek Karte 2, E 5

Bei Stef Antiek gibt es beinahe nichts, was es nicht gibt. Eintauchen in alten Kram – das kann man hier wörtlich nehmen, und zwar auf Hunderten von Quadratmetern. Sie suchen ein altes englisches Kirmeskarussell? Hier finden Sie es. Neben Kristallleuchtern, Art-déco-Baumaterial, Hunderten von alten Sesseln und Lampen, unzähligen Schiffsrettungsringen gibt es auch noch das alte, schwarze Bakelit-Telefon mit Schnur und Drehscheibe. Übrigens: Es heißt, dass sich der Laden an der Place de la Chapelle in den alten Stallungen von Napoleon befindet.

www.stefantiek.com, 63, rue Blaes, T 04 86 12 99 57; 6, pl. de la Chapelle, T 04 94 10 05 89, tgl. 10–18 Uhr (Rue Blaes 63 ist Mo geschl.)

Einrichten und dekorieren

Forrest Karte 2, F 4

Erlesenes und Edles für die Wohnung: Lampen, Bilder, Aeronautik, Figuren, Teekannen, Porzellan u. v. m. Nicht unbedingt für den kleinen Geldbeutel geeignet.

12, Galerie du Roi, T 02 512 71 02, www.grsh.be/forest-galerie-du-roi/, tgl. 10–18, Mo ab 14, So ab 13 Uhr

Hübsches nicht nur für die Küche

Dille en Kamille F 7

In diesem schönen, hellen Laden stehen auf Holzregalen Blumen, Kräuter und Küchenutensilien; Tischwäsche und Handtücher wie aus Omas Zeiten liegen bereit, ebenso wie praktisches Gartenzubehör und Spielzeug. Auch Bonbons und andere nach alten Rezepturen hergestellte Süßigkeiten werden verkauft. Alles hat einen reizvollen, leicht altmodischen Charme.

16, rue Jean Stas, T 02 538 81 25, www.dille-kamille.be, Mo–Sa 9.30–18.30 Uhr

MODE, ACCESSOIRES

Der feine Duft

Senteurs d'Ailleurs F 7

Schon wenn man die Parfümerie betritt, strömt einem ein feiner Wohlgeruch entgegen. Kein Wunder, denn in dieser Parfümerie werden exklusive Parfums, Eaux de Toilettes und Seifen von kleinen, renommierten Manufakturen verkauft. Und nebenan, in klinisch weißem Interieur, bekommen Sie Kosmetika der Luxusklasse. Dort können Sie übrigens auch eine Reihe von kosmetischen Anwendungen buchen.

1a, pl. Stéphanie, T 02 511 69 69, www.senteursdailleurs.com, Mo–Sa 10–18.30 Uhr

Beste Lederwaren

Delvaux Karte 2, F 4

Erste Adresse für Handtaschen und Lederwaren. Der elegante Laden in der Galerie de la Reine atmet noch den Geist der Gründerzeit: hohe Decken, polierte Holzflächen, Messingarmaturen.

31, Galerie de la Reine, T 02 512 71 98, www.delvaux.com, Mo–Sa 10–18.30, So 12–18 Uhr

Luxus-Secondhand

Les Enfants d'Edouard

Karte 3, G 8

Über 5000 Kleidungsstücke, Taschen, Schmuck und Schuhe der größten Designer sind hier mit Preisnachlässen zu erwerben. Zu den geführten Marken zählen Chanel, Dior, Valentino, Cartier, Burberry, aber auch belgische Designer wie Annemie Verbeke und Dries Van Noten. Außerdem: Prêt-à-Porter von Comptoir des Cotonniers, Zadig & Voltaire und Maje.

175, av. Louise, T 02 640 42 45, www.lesenfantsdedouard.com, Mo–Sa 10–18.30 Uhr

Bestens behütet

Gillis Modistes Karte 2, E 4

In einem kleinen Atelier und Laden mitten im Herzen von Brüssel verkauft Sylvie Gauthier ihre Hüte und stellt sie hier her – klassisch gestylte oder ausgefallene. Ihre Kreationen werden auch von Geschäften in Paris und London geführt. Zu den Kunden von Sylvie Gauthier zählen u. a. Theater, Werbemacher und Filmausstatter.

17, rue du Lombard, T 02 512 09 26, www.gillismodistes.be, Mo–Sa 10–18 Uhr

Streetwear

Privejoke Karte 2, E 4

Große Auswahl an Streetwear; vorne besteht eine große Abteilung für Frauen, die Männer müssen mit dem Hinterzimmer vorliebnehmen.

76–78, rue du Marché aux Charbon, T 02 502 63 67, www.privejoke.com, Mo–Sa 11–19, So 14–19 Uhr

Nackt in Brüssel? Das muss nicht sein, schließlich ist die belgische Hauptstadt eine der Modemetropolen Europas.

Chillout in Brüssel

Kaum ist der Feierabendverkehr versiegt, schöpft die Stadt Atem, um sich nach der Arbeit auf den nicht minder wichtigen zweiten Teil des Tages vorzubereiten. In einen Brüsseler Abend passen ohne Weiteres ein Kinobesuch plus Abendessen plus Tanzen plus Absacker hinein.

Cafés, Tavernen, *estaminets* – dort verbringen die Brüsseler gerne den Abend, wählen aus Hunderten von belgischen Bieren oder relaxen bei einem Glas Wein, einem Cognac oder Kaffee. Die Kneipen, oft voller Nippes und immer mit besonderem Flair, sind für viele Brüsseler eine Art Dependance des Wohnzimmers. Hier verabredet man sich vor oder nach dem Essen, dem Kino oder dem Tanzen, bleibt ein, zwei Gläser lang und zieht dann weiter. Die Brüsseler Clubszene ist vielfältig. Alle Musikrichtungen sind vertreten. Das Wochenende wird praktisch schon donnerstags eingeleitet, Freitag, Samstag sind die gängigen Ausgehtage, viele Clubs haben an den anderen Tagen gar nicht auf.

Fast jeden Abend findet irgendwo ein – meist gut besuchtes – Jazz-Livekonzert statt. Höhepunkt des Jahres ist das Jazz-Weekend mit Konzerten in Clubs, Cafés, Hotels und auf kleinen Straßenbühnen. Natürlich sind auch andere Musikrichtungen wie Pop, Rock und World Music gut vertreten, Crossover ist auch dabei.

Beste Beispiele für belgische Gemütlichkeit sind die Kneipen in Brüssel, teils mit Belle-Époque-Interieur.

ZUM SELBST ENTDECKEN

Rund um die **Grand-Place** findet man viele traditionelle Kneipen, es geht touristisch zu, am Sablon dagegen etwas vornehmer. Authentischer sind die Gegend um die **Place St-Géry** mit Cafés und Clubs, in denen die neuesten Trends blühen; die Straßen um die **Rue du Marché au Charbon** mit kleinen Restaurants, Bars und Cafés; der Anfang der **Avenue Louise** mit **Place Stéphanie** sowie die Viertel **Ixelles** und **Saint-Gilles.** Beliebt sind auch die Kneipen zwischen **Berlaymont** und **Square Ambiorix,** in denen das Sprachengewirr zum unverzichtbaren Charakteristikum gehört. Um die **Place St-Boniface** herum, wo die vielen afrikanischen Geschäfte und Lokale sind, geht es bunt und temperamentvoll zu.

BARS UND KNEIPEN

Siehe auch »Tausend Bieren auf der Spur – Kneipenbummel« (► S. 36).

Lässig beim Erzherzog

L'Archiduc ✪ Karte 2, D 3

In den1940er-Jahren war sie noch ein diskretes Etablissement, jetzt ist die Art-déco-Cocktailbar ein angesagter Ort der Jazz- und Bluesszene, an dem sich immer wieder belgische und internationale Jazzgrößen einfinden. 2014 ließen Lady Gaga und die Musiklegende Tony Bennett es sich nicht nehmen, dem L'Archiduc nach ihrem Duo-Konzert auf der Grand-Place einen Besuch abzustatten.

6, rue Antoine Dansaert, T 02 512 06 52, www.archiduc.net, tgl. 16–5 Uhr

Im Dampfer

Café Belga ✪ Karte 3, H 8

Das Café im alten Art-déco-Rundfunkgebäude aus den 1930er-Jahren ist eine Brüsseler Institution: typisch belgisches Interieur, einfach eingerichtet mit schlichten Holztischen und -stühlen, Polsterbänken und großer Theke. Hier kann man fast rund um die Uhr chillen, Zeitung lesen, Musik hören und plaudern. Im Sommer sitzt man draußen vor dem Haus auf der großen Terrasse, mit Glück kann man es sich auf einem der Liegestühle gemütlich machen.

18, pl. Eugène Flagey, T 02 640 35 08, tgl. 8–2, am Wochenende bis 3 Uhr

Für Bierologen

Le Bier Circus ✪ Karte 2, G 3

Pils gibt es hier nicht, aber dafür unendlich viele andere Sorten vom Fass oder aus der Flasche, alle gut gepflegt und präzise beschrieben, sodass einem ausführlichen Studium nur die etwas knappen Öffnungszeiten im Wege stehen. Ach ja: Einen Happen essen kann man hier auch – es gibt lokale Gerichte, natürlich mit Bier zubereitet.

57, rue de l'Enseignement, T 02 218 00 34, www.bier-circus.be, Di–Fr 11.30–14.30, 18–24 Uhr

Magrittes Kneipe

La Fleur en Papier Doré

✪ Karte 2, E 5

In der winzigen Künstlerkneipe voller Krimskrams saß einst Magritte mit seinen Surrealisten-Kollegen und Freunden, und wunderbarerweise hat sich das Flair bis heute lebendig erhalten: Immer noch kommen Künstler, Literaten und Ausgeflippte hierher auf ihr Gläschen.

55, rue des Alexiens, T 02 511 16 59, www.goudblommekeinpapier.be, Di–So 11–24, So 11–19 Uhr

Für jeden etwas

Café Central ✪ Karte 2, D 4

Die zentral gelegene Kneipe ist ideal, um sich für den Abend in Stimmung zu bringen. Es wird Jazz und Funk gespielt, am Wochenende legen häufig DJs auf. Ab und an dient die Räumlichkeit auch als Kulisse für Film- oder Fotoshootings.

14, rue de Borgval, T 02 513 73 08, www.lecafecentral.com, tgl. 15–4 Uhr

Trinken mit Tradition

Le Corbeau ✪ Karte 2, F 3

Authentische Taverne, in der 30 belgische Flaschen- und mehrere Fassbiere serviert werden. Wer auf Originalität aus ist, bestellt einen ›Chevalier‹ und versucht, das Glas, das in etwa die Form einer Eieruhr hat und in einem Holzständer ruht, elegant zum Mund zu führen.

18, rue Saint-Michel, T 02 219 52 46, www.lecorbeau.be, Mo–Do 10–1 Uhr, Fr/Sa bis ultimo

ABENDS VIEL THEATER

Brüssel bietet hochrangige klassische Bühnenkunst. Das **Théâtre Royal de la Monnaie/Muntschouwburg** (✪ Karte 2, E 3, www.lamonnaie.be) gehört zu den führenden Opernbühnen Europas und macht auch mit seinen Ballettinszenierungen Furore. Klassische Konzerte, manchmal auch Jazzabende, bietet das **Conservatoire Royal de Bruxelles** (✪ F 6, www.conservatoire.be).

Zwischenstopp

Café Leffe Karte 2, E 5

Das große Lokal im Art-déco-Look gehört zwar nicht zu den Klassikern, sondern ist das Outlet einer Brauerei, doch eignet es sich bestens, um an einem langen Abend zwischendurch ein wenig abzuhängen und eine der vielen Biersorten zu probieren.

46, pl. du Grand Sablon, T 02 513 47 94, tgl. 8–2 Uhr

Hippe Bar im hippen Viertel

Mappa Mundo Karte 2, D 4

Das auf altmodisch gemachte Innere täuscht: Hier treffen sich Szenegänger zum Vorglühen, junge Familien nach dem Einkaufsbummel, Nachtschwärmer vor dem Konzert oder Traveller auf der Suche nach einem Ort zum Andocken. Im Sommer ist die Terrasse immer voll.

2, rue du Pont de la Carpe, T 02 514 35 55, tgl. 10–2/3 Uhr

Einst Klosterküche

La Porte Noire Karte 2, E 5

Durch die schwarze Tür, die Treppe runter, und man gelangt in uralte Kellergewölbe mit keltischem Ambiente. In der einstigen Klosterküche, in der alexianische Mönche ihre Süppchen kochten, werden jetzt 100 belgische Biere ausgeschenkt, etliche vom Fass, und 80 erlesene Whiskeys, dazu gibt es häufig Livemusik.

67, rue des Alexiens, T 02 511 78 37, www.laportenoire.be, Mo–Sa 17–3 Uhr

Immer gute Laune

Moeder Lambic südlich D 8

Eine Institution im Stadtviertel Saint-Gilles ist diese winzige Kneipe, die sich rühmt, mehr als 1000 Biere vorrätig zu halten.

68, rue de Savoie, T 02 544 16 99, www.moederlambic.com, Mo–Do 16–2, Fr 16–3, Sa 10.30–3, So 10.30–24 Uhr

Easy Living

Roskam Karte 2, D 3

Große, unprätentiöse Kneipe mit ruhigem Jazz im Hintergrund, ein cooler Hangout für die Generation um die 30.

9, rue de Flandre, T 02 503 51 54, www.cafe-roskam.be, tgl. 16–2, am Wochenende bis 4 Uhr

Stylish

L'Ultime Atome G 6

Friedvolles Abhängen zu jeder Tageszeit garantiert dieses Café in Ixelles. Relativ überschaubare Karte, aber diverse Biersorten.

14, rue Saint-Boniface, T 02 513 48 84, www.ultimeatome.be, Mo–Do 8–0.30, Fr 8–1, Sa 9–1, So 10–0.30 Uhr

Der Reiz der alten Markthallen von St-Géry kommt auch nachts zum Tragen.

Alles im Blick

Zebra ✪ Karte 2, D 4

Die Szene-Eckkneipe hat einen großen Außenbereich, wo man alle und alles sieht und leckere Snacks und Cocktails genießen kann.

33, pl. St-Géry, T 02 503 43 00, tgl. 11–2 Uhr

LIVEMUSIK

Der Name trügt

Ancienne Belgique ✪ Karte 2, E 4

Pop-, Rock- und Blues-Konzerte in zwei Sälen, im AB Club treten junge belgische Gruppen auf.

110, bd. Anspach, Tickets: T 02 548 24 24, www.abconcerts.be, Ticketshop: Mo–Fr 15–18 Uhr, Juli/Aug. bis 17 Uhr

Kultur außen und innen

BOZAR Music ✪ Karte 2, F 5

Großes Jugendstilgebäude von Victor Horta, Kulturzentrum mit Konzert-, Theater- und Ausstellungsräumen, in dem auch das Filmmuseum ist. Klassik, Jazz, Weltmusik, wechselnde Ausstellungen, Ballett, Theater, Kino.

23, rue Ravenstein, T 02 507 82 00, www.bozar.be, Tickets: Di–Fr 11–19, Sa 13–19 Uhr, Juli/Aug. Di–Fr 11–17 Uhr, auch 1 Std. vor Vorstellungsbeginn und online

Jamsession

Café Bizon ✪ Karte 2, D 3

Unverputzter Backstein, Eichenbalken, Rock 'n' Roll und Bier-Dekor an den Wänden, und der ausgestopfte Kopf des Bisons fehlt auch nicht. In der stimmungsvoll-rustikalen Kneipe ist jeden Montag Blues-Jamsession und immer mittwochs Acoustic Concert, ab ca. 21.30 Uhr.

7, rue Pont de la Carpe, T 02 502 46 99, www.cafebizon.com, Mo–Fr ab 16, Sa/So ab 18 Uhr

World Music

Espace Magh ✪ Karte 2, E 5

Vielseitiges Kulturprogramm mit World Music und Crossover – Konzerte von Künstlern aus Afrika, der Karibik und dem Maghreb.

17, rue du Poincon, T 02 274 05 10, www.espacemagh.be

Kulturdampfer

Flagey ✪ Karte 3, H 9

Brüsseler nennen das alte Institut National de Radio-Diffusion mit dem Turm *paquebot*, ›Frachter‹. Es beherbergt das einst technisch fortschrittlichste Studio der Welt. Noch immer gilt das im Stil des Art déco gehaltene Studio 4 als das beste des Landes. Hier finden viele Jazzkonzerte statt, aber auch Klassik-, Weltmusik-, Volksmusik- und Kino-Events. Anschließend kann man in der Flagey Bar ein Gläschen und einen Snack genießen.

VERANSTALTUNGSINFOS

Informationen zu Theater, Kino, Konzerten, Ausstellungen, den Bars, Restaurants und Clubs finden Sie u. a. in:

Kiosque: Monatsprogramm, erhältlich in Buchhandlungen

MAD und **Libre Culture:** Mittwochsbeilage der Tageszeitungen »Le Soir« bzw. »La Libre Belgique« (s. auch online)

The Bulletin: Englischsprachiges Newsmagazin (culture, working, living etc.), www.thebulletin.be

www.agenda.be: sehr ausführliche Seite zu Kultur und Events im ganzen Land (frz., nl., engl.); Stichworte u. a. Kino, Theater, Konzert, Flohmarkt *(brocante)*, Kinder, *spectacle* (Oper, Operette, Ballett, Zirkus), Ausstellungen, Clubs

www.cinenews.be: Infos zu aktuellen Filmen nach Titeln oder Kinos

Die offizielle **Website des Brüsseler Fremdenverkehrsamtes** bietet unter der Rubrik ›Nightlife‹ eine verlockende Auswahl typischer Brüsseler Bars, Jugendstilcafés, Jazzkneipen etc.: http://visitbrussels.be.

Oft liegen auch **Flyer** mit Ankündigungen von Veranstaltungen in Cafés und Restaurant aus.

Pl. Ste-Croix, www.flagey.be, Tickets Di–Fr 12–17 Uhr, T 02 641 10 20, auch online

Nie ganz passé

Goupil le Fol Karte 2, E 4

Hier weiß man kaum, wohin man zuerst schauen soll: auf die freizügigen Damen an den Wänden, die fantastischen Landschaften oder die plüschig-altmodischen Sofas. Der erste Stock ist für Newcomer vielleicht etwas befremdlich, im Erdgeschoss geht es etwas ›normaler‹ zu, wenn man einmal Lust hat auf Stachelbeerwein, Rum-Cocktails und französische Chansons im Ambiente von gestern, wenn nicht sogar von vorvorgestern.

22, rue de la Violette, T 02 511 13 96, www.goupillefol.com, tgl. 16–2 Uhr

MUSIKEVENTS

BSF – Brussels Summer Festival

Rock, Hip-Hop, Jazz, Pop, Weltmusik – absolut hochkarätig! Das große Festival findet an mehreren Tagen im August mitten in Brüssel statt.

Veranstaltungsort und nähere Informationen s. www.bsf.be

Les Nuits Botanique und Les Nuits du Soir

Bei den angesagten Musikfestivals im Frühjahr und im Sommer zeigen junge Talente und große Namen der internationalen Musikszene im Botanique, was sie in Sachen Folk und Rock, Hip-Hop und Electronic oder als Chansonniers drauf haben.

Le Botanique, 236, rue Royale, T 02 218 37 32 (reservieren!), http://botanique.be

Brussels Jazz Weekend

Ein Jazzfestival par excellence an einem Maiwochenende: über 250 Livekonzerte mit über 700 Musikern in Bars, Kneipen, Clubs, Theatern, Hotels und auf zahlreichen Bühnen an den schönsten Plätzen der Stadt. Was unter freiem Himmel stattfindet, ist gratis.

www.brusselsjazzweekend.be

Hier finden 250 Konzerte im Jahr statt.

Jazz im Bahnhof

Jazz Station J 3

In dem alten und sehr schön renovierten Bahnhofsgebäude finden Livekonzerte statt, in der Galerie werden immer wieder neue Ausstellungen eröffnet – Kultur pur; mit netter Bar. Konzerte ab 18 Uhr.

193A, chaussée de Louvain, T 02 733 13 78, www.jazzstation.be, Mi–Sa 11–19 Uhr

Einst ein Eisenwarenladen

The Music Village Karte 2, E 4

Livekonzerte mit den besten belgischen und internationalen Jazzgrößen, aber auch Blues, Latino, Folk, Klassik und Chansons im Saal eines ehemaligen Eisenwarenladens.

50, rue des Pierres, T 02 513 13 45, www.themusicvillage.com, Club ab 19, So ab 17.30 Uhr, Konzerte: Mo–Do, So 20.30, Fr/Sa 21 Uhr

TANZEN

Clubbing im Kloster

Le Bazaar E 6

Unten, im Keller eines früheren Klosters, ist die Disco mit Funk, Soul und Rock, oben befindet sich ein Restaurant. Wer mehr als 50 Quadratzentimeter zum Tanzen braucht, hat hier allerdings Probleme.

63, rue des Capucins, T 02 511 26 00, http://bazaarbrussels.be, Di–Sa ab 19.30 Uhr

Viel Platz, viel Musik

Beursschouwburg ✪ Karte 2, E 3
Bangra, Drum 'n' Bass, Acid Jazz, Funk, live oder mit einem DJ in einem alten Industriegebäude gleich bei der Börse. In der Bar mit dem langen Tresen finden regelmäßig kleinere Livemusik-Veranstaltungen wie Jamsessions oder Abende mit experimenteller Musik statt.
20–28, rue Auguste Orts, T 02 550 03 50, www.beursschouwburg.be, Mi–Sa ab 19 Uhr

Glam and Style

Bloody Louis ✪ F 7
Kicker, Flipper und Chesterfields neben dem Tanzparkett schlagen im größten Nachtclub von Brüssel unter der Galerie Louise den maskulinen Ton an, harte Beats und Neonlicht schaffen eine der besten Partylocations der ganzen Stadt.
32, av. Louise, Untergeschoss, mobil 474 40 56 82, www.bloodylouis.be, Fr/Sa 23–6 Uhr

Kultdisco

The Fuse ✪ D 7
Die wohl bekannteste und heißeste Techno-Disco Belgiens. Auf drei Stockwerken Techno, House, Jungle, häufig bekannte DJs. In drei stylishen Bars kann man pausieren. Immer wieder auch Themen-Partys wie ›La Demence‹ für Gays & Friends.
208, rue Blaes, T 02 511 97 89, www.fuse.be, Sa 23–7 Uhr

Beautiful People

Les Jeux d'Hiver ✪ Karte 3, südlich G 10
›In ist, wer drin ist.‹ Hier trifft sich Jung & Schön mit Reich & Spendabel. Eintritt frei – sofern man reinkommt.
1, chemin du Croquet (Bois de la Cambre), T 02 649 08 64, www.jeuxdhiver.be, Do ab 19, Sa ab 20, So ab 20.30 Uhr

Königlich abtanzen

Le Roi des Belges ✪ Karte 2, D 4
Hier haben Sie die Wahl zwischen gemütlicher Kneipe mit Holzbänken und -tischen im Erdgeschoss und knallbuntem Retro-Ambiente mit DJ im ersten Stock.
35, rue Jules van Praet, T 02 513 51 16, www.leroidesbelges.be, tgl. 9–24, Do–Sa bis 2 Uhr

KINO

In Brüssel laufen viele internationale Kinoproduktionen in der Originalversion (VO) mit Untertiteln. Eine Übersicht finden Sie auf der Website www.cinenews.be.

Im Zentrum

Actor's Studio ✪ Karte 2, E 4
Kleines, altmodisches Filmkunstkino, auch englische Filme.
www.actorstudio.be

Für Nachzügler

Aventure ✪ Karte 2, E 3
Die Filme, die hier laufen, sind selten brandneu, eine gute Gelegenheit, einen versäumten Blockbuster doch noch zu sehen.
www.cinema-aventure.be

Bisweilen tonlos

Cinematek ✪ Karte 2, F 5
Fiktion und Doku, Neues und Altes, Filmreihen und Retrospektiven, in Originalsprache mit Untertiteln – tolle Filme aus der riesigen Sammlung des Königlichen Filmarchivs.
www.cinematek.be

Riesengroß

Kinepolis ✪ Karte 4
Riesige Kinomaschine mit 24 Sälen, darunter eine Imax-Projektion auf 600 m² Leinwand. Filme auf Englisch, Französisch und Niederländisch.
www.kinepolis.be

Multiplex

UGC de Brouckère ✪ Karte 2, E 3
Multiplex-Kino, aktuelle Hollywood-Produktionen oder große französische Filme.
www.ugc.be

Hin & weg

ANKUNFT

Brüssel ist per Zug, Fernbus oder Pkw gut zu erreichen. Flugzeuge landen am **Airport Zaventem,** 14 km östlich der Stadt. Verbindungen von dort ins Zentrum mit der Bahn: bis zu sechs Züge stdl. nach Brüssel-Nord, Brüssel-Centrale und Brüssel-Midi. Mit dem Bus: Expressverbindung Airport Line ins EU-Viertel (Bus 12 bzw. 21, Tickets: am Schalter oder mit Aufschlag im Bus). Die Busse (De Lijn) 272 und 471 fahren vom Airport zum Nordbahnhof (Gare du Nord). Die Fahrt mit dem Bus ist preislich günstiger, dauert jedoch länger. Info: www.brusselsairport.be, www.belgiantrain.be

INFORMATIONEN

Visitbrussels: Hôtel de Ville/Stadhuis, Grand-Place/Grote Markt, T 02 513 89 40, www.visitbrussels.be, tgl. 9–18 Uhr. Broschüren, Stadtpläne, Karten für bestimmte Veranstaltungen wie Ommegang oder das Jazz Weekend, Tageskarten; Zimmervermittlung
Brussels Info Place (BIP): 2, rue Royale, T 02 513 89 40, Mo–Fr 9–18, Sa/So/Fei 10–18 Uhr
Weitere:
Station Europe (100, Place du Luxembourg).
USE-IT info desk (Galerie Ravenstein 25). Ankunftshalle Brüssel Airport

INFOS IM WEB

http://belgien-tourismus-wallonie.de bzw. **www.visitflanders.com:** Die offiziellen Internetseiten des wallonischen und des flämischen Verkehrsamtes mit Adressen und Infos zu Museen, Hotels, Restaurants usw. – Brüssel liegt in der Zuständigkeit beider Stellen. Onlinebestellungen und Downloads von Broschüren möglich.
https://visit.brussels: Offizielle Website des Brüsseler Tourismusbüros in französischer, niederländischer und englischer Sprache. Umfangreiche Infos zu Hotels, Restaurants, Kneipen, Museen, Sehenswürdigkeiten.
http://be.brussels: Offizielle Seite der Region Brüssel-Hauptstadt mit Bürgerinformationen zu Geschichte, Statistik, Verwaltung, Baustellen, aber auch zu Tourismus und Freizeit, Links zu Museen, Hotels u. v. m. In französischer, niederländischer und englischer Sprache. Sehr übersichtlich und informativ!
www.ilotsacre.be: Stadtplan und Webcam-Galerie der Innenstadt, Bars, Restaurants u. v. m.
http://europa.eu: Alles über die europäischen Behörden und ihre Tätigkeitsfelder, die europäische Gesetzgebung, Infos zu Reisen, Arbeiten, Studieren, Sprachenlernen in Europa.
www.belgiantrain.be: Seite der Belgischen Eisenbahn mit Zugverbindungen national/international, Preisinfos usw.
www.monarchie.be: Homepage des belgischen Königshauses in den offiziellen Landessprachen Niederländisch, Französisch, Deutsch: Lebensläufe und Fotos der Königsfamilie, die königliche Krypta, Stadtschloss und Schloss Laeken, die Gewächshäuser u. v. m.

REISEN MIT HANDICAP

Das flämische Verkehrsbüro bietet auf der Website **www.visitflanders.com/de/barrierefreiheit** (›Barrierefrei Reisen‹) nützliche Infos an.

UMWELTFREUNDLICH UNTERWEGS

Mit Metro, Tram und Bus
Das Brüsseler Verkehrsnetz ist dicht, die Orientierung einfach, die Verkehrsmittel sind vielfältig: Busse, Trams, Métro und Prémétro (im Zentrum unterirdisch verkehrende Straßenbahnen). Ein Faltplan,

aus dem die Metro-, Tram- und Buslinien mit Haltestellen zu ersehen sind, ist kostenlos an allen Metro-Schaltern erhältlich. Die Bahnen und Busse fahren zwischen 6 und 24 Uhr, auf einigen Linien sind Nachtbusse eingesetzt.
Infostellen (*Bootiks* in Bahnhöfen bzw. Metro-Stationen): Porte de Namur; Station Rogier; Gare de Midi; Gare de l'Ouest; De Brouckère (2, rue de l'Evêque), Roodebeek, www.stib-mivb.be
Tickets erhält man an Metro-Schaltern, an Automaten in Metro-Stationen und an einigen größeren Haltestellen sowie bei den Tram- und Busfahrern. Es gibt die Einzelfahrkarte (2,10 €, im Verkehrsmittel 2,50 €) und das 1-Tag-JUMP Ticket (7,50 €). Außerdem 24-, 48-, 72-Std.-JUMP-Tickets (7,50 €, 14 €, 18 €), für die man zunächst eine wieder aufladbare MOBIB-Basic-Karte zu 5 € braucht. Die Karten müssen vor dem Einsteigen in dafür vorgesehenen Automaten abgestempelt werden.

Mit dem Taxi
Am besten nehmen Sie ein Taxi mit gelbem Schild auf dem Dach, nur diese haben feste Tarife. Auf eine Grundgebühr von 2,40 € (von 22–6 Uhr 4,40 €) werden pro Kilometer 1,80 € gerechnet (außerhalb der Stadt 2,70 €). Taxiruf in Brüssel:
Taxis Autolux: T 02 512 31 23, www.taxisautolux.be
Taxis Bleus: T 02 268 00 00, www.taxisbleus.be
Taxis Verts: T 02 349 49 49, www.taxisverts.be

Mit dem Fahrrad
Radfahren in Brüssel kann nicht unbedingt empfohlen werden. Unberechenbare Autofahrer, Schlaglöcher und unendlich viele Baustellen sowie die vielen Hügel machen den Radlern das Leben schwer. Und dennoch: Radfahren wird auch in der Stadt immer populärer. Räder können Sie an vielen Stationen

DIE METRO – EINE RIESIGE UNTERIRDISCHE KUNSTGALERIE

Fast alle Stationen der Brüsseler Metro sind von zeitgenössischen belgischen Künstlern mit Wandbildern, Reliefs, Deckenskulpturen, Mosaiken oder Skulpturen in eine Galerie moderner Kunst verwandelt worden. Einige Kunstwerke sind aus dem Zug zu besichtigen, andere befinden sich in den Eingangshallen. Eine Broschüre (170 Seiten!), »L'art à Bruxelles passe aussi par le métro« (auch engl. oder nl.), in der die Kunstwerke abgebildet und beschrieben sind, gibt es für 5 € u. a. in den Touristenbüros, bei Toerisme Vlaanderen (61, rue Marché aux Herbes) und im Standaard Boekhandel (4, pl. de la Monnaie). Auch als PDF zum kostenlosen Download bei www.stib-mivb.be. Diese Stationen bzw. Werke zählen zu meinen Top Ten:
Stockel – »Tintin dans le métro«, 150 Figuren aus den Comics »Tim und Struppi« von Hergé, 1988. **Rogier** – »Les couleurs de la solidarité« (Die Farben der Solidarität), ein Flachrelief-Mosaik von Gino Tondart, 2004. **Bourse** – »Nos vieux Trams bruxellois« (Unsere alten Brüsseler Straßenbahnen), Wandgemälde von Paul Delvaux, 1978, sowie »Moving Ceiling«, Edelstahlskulptur von Pol Bury an der Decke, 1976. **Botanique** – »The Last Migration«, Basreliefs aus gehämmertem Kupfer von Jean-Pierre Ghysels, 1977. »Les Voyageurs« (Die Reisenden), 21 bunte Holzfiguren von Pierre Caille, 1979. »L'Odyssée« (Die Odyssee), eine riesige Sonnenscheibe aus Bronze und monumentale Bronzetüren von Martin Guyau, 2004.
Ceria – Der deutsche Künstler Martin Kasimir hat die Wände der Station mit riesigen Fotos bedeckt, von denen zufällige Passanten die U-Bahn-Passagiere grüßen. **Gare du Midi** – »Structures rythmées« (Rhythmische Strukturen), Deckenbemalung in Schwarz und Gelb von Jacques Moeschal, 1988.

Offenbar eine gute Kombination: Der Betreiber der Werbeflächen unterhält auch das Fahrradverleih-System Villo.

mieten. Auch für eine schöne Tour durch die Außenbezirke ist das Rad unschlagbar.

Villo: 360 Vermietstationen (Automaten) im Stadtgebiet; mit Bankkarte jederzeit ausleihbar; www.villo.be

Pro Velo: 15, rue de Londres (Ixelles), T 02 502 73 55, www.provelo.org. Verleih von Fahrrädern, geführte Themen-Radtouren durch die Stadt und ins Umland (► S. 113)

STADTRUNDFAHRTEN UND STADTFÜHRUNGEN

City Sightseeing Brussels – Hop-on, Hop-off: www.citysightseeingbrussel.be. Stadtrundfahrten mit den roten Doppeldeckerbussen, Erklärungen u. a. in deutscher Sprache. Tickets: in Touristenbüros, Hotels, im Bus und online. Tickets für 24/48 Std. kosten 25 € bzw. 32 €, für Kinder 4–12 Jahre 15 € bzw. 18 €. Bei Online-Kauf 2 € Rabatt.

Brussels City-Tours: T 02 513 77 44, www.brussels-city-tours.com. Busrundfahrten; angeboten wird die »Grand tour de ville« tgl. 10 Uhr, Dauer 2,5 Std., 29 €/15–26 €, und die »Tour Tintin – Museum Hergé« 20 €/18 €. Abfahrt jeweils beim Brüssel City Tours office, 82, rue du Marché aux Herbes (frz., engl. und span.).

Le Bus Bavard/Babbelbus: 12, rue des Thuyas, T 02 673 18 35, www.bruxellesbavard.be. Geführte Tour zu Fuß oder mit dem Bus zu verschiedenen Themen, beispielsweise Geschichte, Comics, Jugendstil, Marollen, Bier; individuell (nur frz.), in kleinen Gruppen oder auf Anfrage für eine feste Gruppe.

Explore.Brussels ist eine Vereinigung von Organisationen, die Stadtführungen zu besonderen Themen wie Architektur, Art nouveau, Schokolade, Kneipen für Einzelreisende und Gruppen anbietet; auch Touren auf den Spuren realer oder fiktiver Persönlichkeiten; außerdem auch Fahrrad-Stadtführungen (engl., frz., nl.), https://www.explore.brussels

MIT BRÜSSELERN UNTERWEGS

Mit Charly oder Jean-Yves oder Anne oder ... durch Brüssel, abseits ausgetretener touristischer Pfade – lernen Sie das unbekannte Brüssel kennen, in Begleitung eines sogenannten Greeters. Das sind keine professionellen Fremdenführer. Sie verstehen sich eher als ehrenamtliche Botschafter ihrer Stadt, die Besucher willkommen heißen, ihnen ihre Lieblingsplätze zeigen, Tipps geben, ihre Führungen mit Anekdoten und Tipps bereichern und vom Leben in Brüssel erzählen. Und so läuft es ab: Die Stadtführung mit einem ›Greeter‹ ist kostenlos. Es können bis zu sechs Personen an einer Tour teilnehmen, die an jedem Tag zwischen 8 und 22 Uhr möglich ist. Je nach Absprache dauern die Führungen zwei bis vier Stunden. Die Details der Tour vereinbaren Sie vorher bei der Anfrage bzw. Anmeldung unter https://visit.brussels/fr/sites/greeters.

Pro Velo: 15, rue de Londres (Ixelles), T 02 502 73 55, www.provelo.org. Über 25 Thementouren per Rad – von Architektur über Comics, Freimaurer, afrikanisches Brüssel und Stadtgeschichte bis zu Bier-Touren; für Einzelpersonen und Gruppen. Auch Fahrradverleih.

Segway Brussels: 1, rue du Marché au Charbon (hinter Hotel Amigo), T 02 588 78 99, www.segwaybrussels.be

BRUSSELS CARD

Die Brussels Card gewährt freien Eintritt in 40 Museen, Rabatt für das Atomium und andere Sehenswürdigkeiten, für Touren und in bestimmten Geschäften und Restaurants.
Die Karte ist 24, 48 oder 72 Stunden gültig und kostet 26 €, 34 € bzw. 42 €. Mit der Brussels Card + Hop on Hop off (24, 48 oder 72 Std. für 40 €, 52 € bzw. 64 €) kann man zusätzlich kostenlos den Sightseeing-Bus (www.citysightseeing brussel.be) benutzen. Sie ist erhältlich in den Touristenbüros an der Grand-Place und auf dem Mont des Arts (BIP), bei Toerisme Vlaanderen, 61, rue Marché aux Herbes, sowie in einigen Museen und online (https://visit.brussels).

SICHERHEIT

Wie in allen Großstädten empfehlen sich auch in Brüssel gewisse Vorsichtsmaßnahmen: Abends und nachts sollte man sich lieber ein Taxi leisten, als durch unbeleuchtete, einsame Straßen zur Unterkunft zu schlendern. Immer wieder wird von Taschendiebstählen oder sogar Raubüberfällen am Gare du Midi berichtet, dem Bahnhof, an dem die meisten Besucher ankommen.
Die Stadtteile Schaerbeek und vor allem Molenbeek, seit Jahren ein Problemstadtteil mit einer kaum zugänglichen Parallelgesellschaft, gerieten nach den verheerenden Terroranschlägen im März 2016 in das Fadenkreuz der Terroristen-Fahnder. Anderlecht im Südwesten ist für seine hohe Kriminalitätsrate bekannt, viele betrachten es als No-go-Area.

NOTFÄLLE

Notrufnummern
Europäische Notrufnummer: 112
Polizei: 101
Feuerwehr, Notarzt: 100
Ambulanz: 105

Bank- und Kreditkartensperrung
Sperrnotruf: T 0049 116 116, www.sperr-notruf.de

Pannenhilfe
Touring Club Belgium, T 070 34 47 77 oder 02 233 22 11. **Royal Automobile Club de Belgique,** T 02 287 09 11 (für ADACplus-Mitglieder kostenlos)

Diplomatische Vertretungen
Botschaft der Bundesrepublik Deutschland: T 02 787 18 00, www.bruessel.diplo.de
Botschaft der Bundesrepublik Österreich: T 02 289 07 00, www.bmeia.gv.at/oeb-bruessel
Botschaft der Schweizerischen Eidgenossenschaft: T 02 285 43 50, www.eda.admin.ch/bruxelles

SPRACHEN

Brüssel ist eine zweisprachige Stadt. Alle Straßennamen, öffentlichen Gebäude, aber auch Speisekarten, Reklameschilder und viele Websites sind sowohl auf Französisch als auch auf Niederländisch abgefasst. De facto aber sprechen vier Fünftel der Bewohner Brüssels Französisch.
Wobei das belgische Französisch sich durch Belgizismen von der rein französischen Sprache unterscheiden kann und in Brüssel zudem noch spezielle umgangssprachliche Ausdrücke hinzukommen. Bei den **Adressangaben in diesem Band** haben wir uns der besseren Übersichtlichkeit wegen auf die französische Fassung der Namen beschränkt.

O-Ton Brüssel

Bonjour

Guten Morgen

kikebiche

Gänsehaut

DIKKENECK

Dicker Hals
Angeber

carabistouilles

Dummes Zeug

mitraillette

Maschinenpistole
Baguette mit Fritten, Fleisch und Mayonnaise oder Ketchup

fritkot

Frittenbude

AU REVOIR

Auf Wiedersehen

C'est chou vert et vert chou.

Es ist Grünkohl und Grünkohl.
Es ist Jacke wie Hose.

vogelpick

Zufällig, irgendwie

cul sec

Trockener A... (Hintern)
Auf Ex! Oder: Hau weg!

Tomber dans les pommes

In die Äpfel fallen
In Ohnmacht fallen

Das Klima im Blick

Reisen bereichert und verbindet Menschen und Kulturen. Wer reist, erzeugt auch CO_2. Der Flugverkehr trägt mit bis zu 10 % zur globalen Erwärmung bei. Wer das Klima schützen will, sollte sich – wenn möglich – für eine schonendere Reiseform entscheiden oder die Projekte von atmosfair unterstützen. Flugpassagiere spenden einen kilometerabhängigen Beitrag für die von ihnen verursachten Emissionen und finanzieren damit Projekte in Entwicklungsländern, die dort den Ausstoß von Klimagasen verringern helfen (www.atmosfair.de). Auch die Mitarbeiter des DuMont Reiseverlags fliegen mit atmosfair!

Abbildungsnachweis

Atomium (www.atomium.be), Brüssel (Belgien): S. 95 (SABAM 2009/alias-nb et Broquier); 75 (SABAM 2009/AGR/AVB RA/ASB); 77 o. (SABAM 2009/Arjen van der Broek); 74 (SABAM 2014/Christophe Licoppe)
Fotolia, New York (USA): S. 33 (Alfi)
Getty Images, München: S. 100 (AFP/Georges Gobet); 4 u. (Bloomberg); 120/5 (Gamma-Rapho/Gantier); 108 (Lonely Planet); 63 (Sorensen); 106 (Westend61/Dieterich)
iStock.com, Calgary (Kanada): S. 64 u. (Bombaert); 70, 102 (Luhrenberg); 55 (Mueller); 87 (noblige)
laif, Köln: S. 34 o. (Gamma-Rapho/Crochet); 39, 101 (Gonzalez); 103 (Hannes); 120/1 (hemis.fr/Cintract); 28 (hemis.fr/Colin); 86 (hemis.fr/Degas); 71, 72 (Jung); 64 o. (Reporters/Broze); 51 (Reporters/Fistick); 50, 69 (Reporters/Gys); 78/79 (Reporters/Meuris)
Look, München: Umschlagklappe hinten (SagaPhoto)
Mauritius Images, Mittenwald: S. 120/4 (age/Hyniewska); 36 (Alamy/Arterra Picture Library); 45 (Alamy/Eccles); 54 (Alamy/Grover); 104 (Alamy/Heseltine); 44, 53 (Alamy/Horree); 32 (Iconotec); 43 (Alamy/Jean); 41 (Alamy/Kellerman); 46 (Alamy/Korchenko); 61 (Alamy/Kowalsky); 99 (Alamy/Meguedad); 48 (Alamy/New Horizons); 24 (Alamy/PjrTravel); 7, 40, 112 (Alamy/Reboredo); 12/13 (Alamy/Rottem); 47, 93 (Alamy/Skyfish); 66, 77 u. (Alamy/Tack); 120/7 (Alamy/Van den Berg); 96 (Alamy/Wiskerke); 22 (Alamy/Yusof); 59, 88 (Imagebroker/Schoenen); Titelbild, Faltplan (Mirau)
OPT Brüssel: S. 25
picture-alliance, Frankfurt a. M.: S. 120/6 (AKG); 120/2 (AP/Invision/Fury); 27 (ASAP/PIRARD); 120/9 (Brochiero); 34 u. (Dabkowski); 85 (Lecocq); 81 (Vergult); 20, 21, 49, 67, 98 (Warnand)
Royal Museum for Central Africa (RMCA), Tervuren: S. 82 (Jo Van de Vijver)
Schapowalow, Hamburg: S. 80 (Amantini)
Reinhard Tiburzy, Aachen: S. 14/15, 16/17, 30, 31, 37, 38, 56, 94, 120/3
Visum, München: S. 8/9 (Büllesbach); 4 o., 90 (Görgens)
Wikimedia Commons: S. 62 (CC-PD); 120/8 (Deltour/CC-PD)
Zeichnungen Umschlagklappe vorn, S. 2, 11, 29, 68, 73: Gerald Konopik, Fürstenfeldbruck
Zeichnung S.5: Antonia Selzer, Lörrach

Kartografie: DuMont Reisekartografie, Fürstenfeldbruck

Umschlagfotos
Titelbild: Atomium. Umschlagklappe hinten: Rathaus an der Grand-Place

Hinweis: Autor und Verlag haben alle Informationen mit größtmöglicher Sorgfalt geprüft. Gleichwohl sind Fehler nicht vollständig auszuschließen. Alle Angaben erfolgen ohne Gewähr. Bitte schreiben Sie uns! Über Ihre Rückmeldung zum Buch und Verbesserungsvorschläge freuen sich Autor und Verlag:
DuMont Reiseverlag, Postfach 3151, 73751 Ostfildern,
info@dumontreise.de, www.dumontreise.de

FSC www.fsc.org MIX Papier aus verantwortungsvollen Quellen FSC® C124385

2., aktualisierte Auflage 2019

Autor: Reinhard Tiburzy (mit Beiträgen von Margarete Graf)
Redaktion/Lektorat: Erika E. Schmitz, Ulrike von Düring
Grafisches Konzept: Eggers+Diaper, Potsdam
Printed in China

Kennen Sie die?

9 von 1 187 890 Brüsselern

Manneken Pis

Das pinkelnde Männlein, Wahrzeichen der Stadt, lockt alljährlich Tausende Besucher nach Brüssel. Ein Selfie mit ihm ist für viele ein Muss und Beweis, dass man hier war.

Stromae

Der mit Auszeichnungen überhäufte belgische New-Beat-, Hip-Hop- und Elektro-Sänger, der auch als Musikproduzent arbeitet, stürmte 2009 mit seinem Debüt-Song »Alors on danse« die europäischen Charts.

Charles Buls

Er sitzt mit seinem Hund am Marché aux Herbes, ganz in Bronze. Ohne das Engagement des umsichtigen Stadtvaters gäbe es das Häuserensemble mit den filigranen Fassaden an der Grand-Place wohl nicht mehr.

René Magritte

Der Bowler-Hut war sein Markenzeichen und ein wiederkehrendes Motiv in seinem Werk. Dem bedeutendsten belgischen Surrealisten sind in Brüssel zwei Museen gewidmet: eines im Vorort Jette, ein zweites auf dem Kunstberg.

Hergé

Er zählt zu den bedeutendsten Comic-Zeichnern und erfand Tim und Struppi (Les aventures de Tintin). Unter den über 50 Comic-Wandgemälden in Brüssel findet man etliche mit Motiven aus seinen Comics.

Leopold II.

Mit Monumentalbauten und -anlagen wie dem Palais du Cinquantenaire, dem Justizpalast und der Avenue Louise drückte der König der Belgier Brüssel seinen Stempel auf.

Jacques Brel

Von Liebe, Freude und Leid, von Tod, Verlassensein und Verlust sang der in Brüssel-Schaerbeek geborene Brel, einer der größten Chansonniers aller Zeiten.

Victor Horta

Er ließ sich vom Eiffelturm inspirieren und baute mit Eisen und Glas. Dem berühmten belgischen Baron verdankt Brüssel viele seiner prächtigen Jugendstilbauten.

Schwester Emmanuelle

Die ›Mutter der Müllmenschen‹ fand mit über 60 ihre Berufung: Sie lebte auf Kairos Müllhalden und half dort den Ausgestoßenen.